はじめに

政治ってよくわからないし、
　誰がやってもそんなに変わらない気がする。
　　by 若者代表 ペンたろう

　政治関係の報道は「政治とカネ」「汚職事件」など、暗いものが多くて本当にイヤになる。さらに追い討ちをかけるように、「タカとハト」「右と左」など、よくわからない言葉の連発で、やる気をなくす。「量的緩和って何？」「ゼロ金利がどうしたの？」という疑問が湧き上がる段階も通り越して、気づけば政治に対して無反応な自分がいる。一念発起して『日本の今がわかる……』というようなタイトルの本を買ってみても、半分も読まないうちに挫折。そして、投票日は寝坊して行きそびれる。

……このままでいいのだろうか？

　そう、それくらいの問題意識は、若者にだってある。
　考えてみれば、日本は民主主義国家。政治家は、私たちが選挙で選ぶのだ。夢と理想に燃える若者としては、意見を取り入れてくれる政治家を選びたいとは思う。しかし、現状はどうかというと、日本の政治家は、票につながらない若者には目もくれず、投票率の高い〝ご年配向け政策〟を打ち出している。年金や医療に関する政策はその代表だろう。

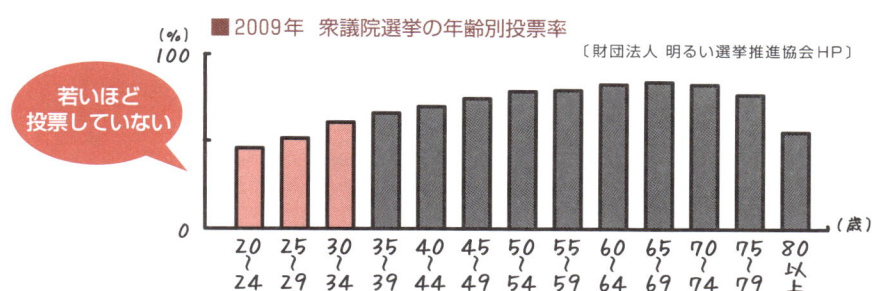

現状の投票率では、若者の意見を政治に反映するのは難しい。でも、逆に言えば、若者の投票率が上がれば、政治家は若者の意見を聞くようになり、その意見が政策に反映されるようになる。

若者の投票率を100％（!）にして、日本を変えよう！

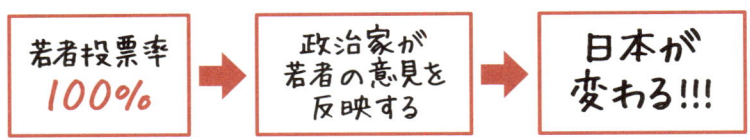

これが、本書で最も訴えたいメッセージのひとつだ。
若者の手で、日本をよくしよう！　未来をデザインしよう!!

……そこで問題なのが、
①**政治知識**　②**現在の日本の問題点**を
若者があまりにも知らないことだ。

それをわかりやすく提示するために企画されたのが本書である。
本書は、若者たちが中心になって編集した若者目線の本だ。
　一緒に、これからの自分、これからの日本について考えてみよう。

未来の主役は、私たち若者だ!!!

2010年4月
幸福実現党
日本の未来について本気で考える★プロジェクト

2010年夏に行われる参議院選挙とは?

参議院議員 定数242人　任期6年・解散なし

↓

3年ごとに半数121人を改選

↓

参議院議員 通常選挙
（正式名称）

選挙区
都道府県単位で争われ、「候補者個人」に投票する。

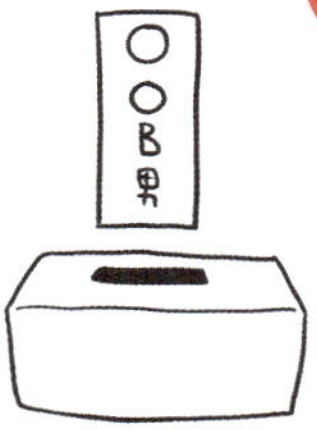

比例代表
全国単位で争われ、「候補者個人」または「政党」に投票する。

それぞれに投票（1人2票）

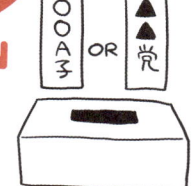

↓ 得票数の多い順に当選
※都道府県によって議席数が異なる

↓ 各党の総得票数を計算（個人票 + 党票）
↓ 各党の獲得議席数決定
↓ 個人票が多い順に当選

計73議席　　計48議席

もくじ

はじめに ― 1
本編に入るまえに ― 6
○図解：国の繁栄に必要な機能と問題点 ― 8

経済
|問題①| 仕事がない ― 10
|解決策| ― 26

|問題②| 働く人が減り続ける ― 28
|解決策| ― 40

教育
|問題③| ゆとり教育で学力低下 ― 42
|解決策| ― 56

| 問題④ | 犯罪並みのいじめが横行 | 58 |
| 解決策 | | 68 |

外交&国防
| 問題⑤ | 周辺国がスゴイ勢いで軍備拡張 | 70 |
| 解決策 | | 84 |

最後のまとめ〜日本の未来ビジョン ──── 86

おわりに ──── 88

付録　世の中を知るための
　　　政治・経済 マストワード！ ──── 90
　　　○政治ワード ──── 90
　　　○経済ワード ──── 92

Illustration：モリモトジュンコ

本編に入るまえに

まずはじめに、政治の役割や国に必要な機能について考えてみよう。

最近、子ども手当や公立高等学校の授業料無償化などのバラマキ政策が話題になっている。確かに、お金をもらえるのは国民にとってありがたいことだが、考えなければならないのが財源の問題だ。新聞やテレビでは「財源を確保するために、消費税アップは避けられない」という論調が目立つ。しかし、本当に消費税を上げれば財源は確保できるのだろうか。

以下のグラフの消費税導入後の税収の変化に注目していただきたい。消費税が導入された1989年は確かに増えているが、そのほとんどは所得税の増収分。1990年代に入ると税収は下がっているのだ。1997年に税率を5％に引き上げたときも税収は落ち込んだ。2009年度の税収は37.4兆円で、実は消費税導入前よりも少ない。

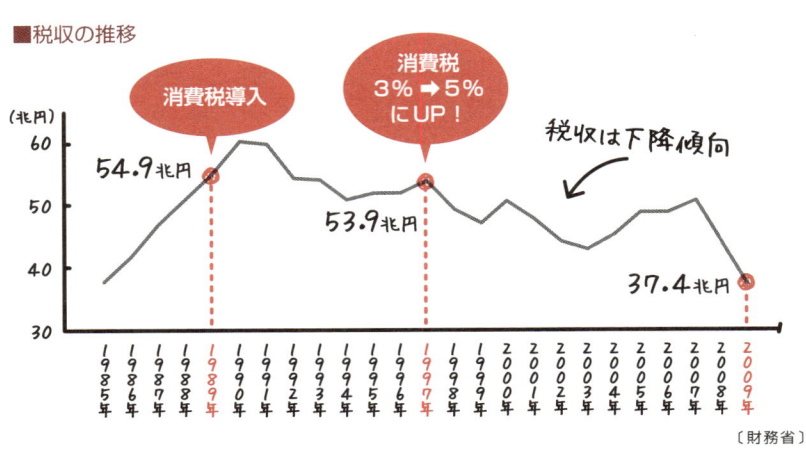

〔財務省〕

消費税を上げても税収が下がる原因は、不景気による消費活動の低迷だ。いくら消費税を上げても、景気が回復しなければ税収は増えず、財源は確保できない。つまり、社会保障ありきで政治を議論するのは本末転倒。**まずは、景気回復・経済成長について考えるべき**なのだ。経済の安定、経済の成長があってはじめて社会保障が成り立つ。

　そして、経済発展というのは、結局のところ、国民一人ひとりの教育レベルで決まる。たとえば発展途上国は識字率が低い。また、イギリスは産業革命による機械化によって経済が大発展したが、産業革命は科学技術の進歩による発明から起こった。また、そのとき工場で働く人々が機械のマニュアル等の文字を読めたということも大きかった。つまり、**教育の広がりとレベルの向上が未来の経済発展のカギ**になる。

　さらに教育の質が上がって経済が成長軌道に乗り、富が蓄積されたとしよう。そのときに、カギもかけず警備員もおかずにお金を放置していたら、どうなるだろう。たとえば日本はセキュリティ＝国防が弱いので、海外の投資家は日本の株をあまりたくさん買わない。通常、世界では、**経済と国防はセット**で考えられている。もし、投資している国が他国に攻め込まれたとき、その国に国防力がなかったら、その国に投資していたお金は水の泡と消える可能性があるからだ。日本ではあまり知られていないが、実は**国防の力によって国民の富と財産が守られている**。

　つまり、国に必要な機能をまとめると、以下のようになるだろう。

> ①**経済**　　　：繁栄をもたらす機能
> ②**教育**　　　：未来をつくる機能
> ③**外交＆国防**：平和を保つ機能

　この3つの機能を健全に保ち、日本を繁栄に導くのが政治の大きな役割だ。次ページに、国に必要な機能とそれぞれに発生している現時点での問題点を、わかりやすく図で示してみた。この知識を頭に入れた上で、本書を読んでいこう！

図解

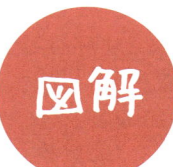

国の繁栄に必要な機能と問題点

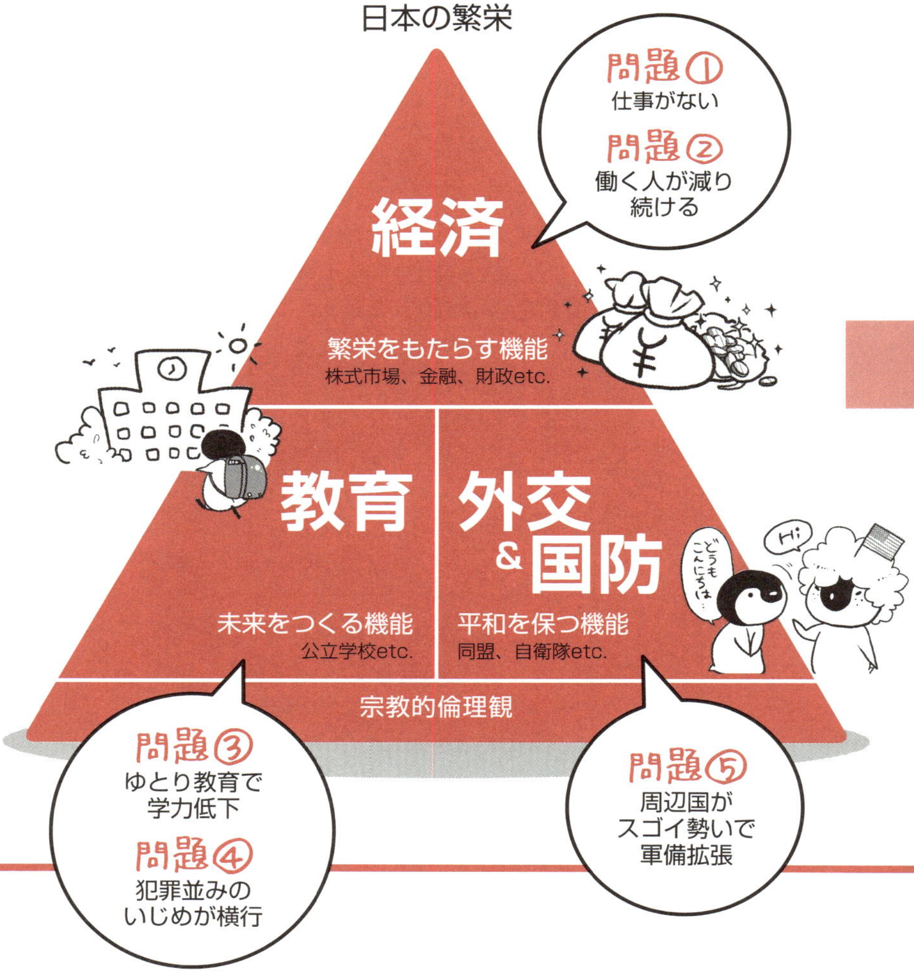

日本の繁栄
経済
繁栄をもたらす機能
株式市場、金融、財政etc.
教育
未来をつくる機能
公立学校etc.
外交&国防
平和を保つ機能
同盟、自衛隊etc.
宗教的倫理観
問題① 仕事がない
問題② 働く人が減り続ける
問題③ ゆとり教育で学力低下
問題④ 犯罪並みのいじめが横行
問題⑤ 周辺国がスゴイ勢いで軍備拡張
どうもこんにちは…
Hi

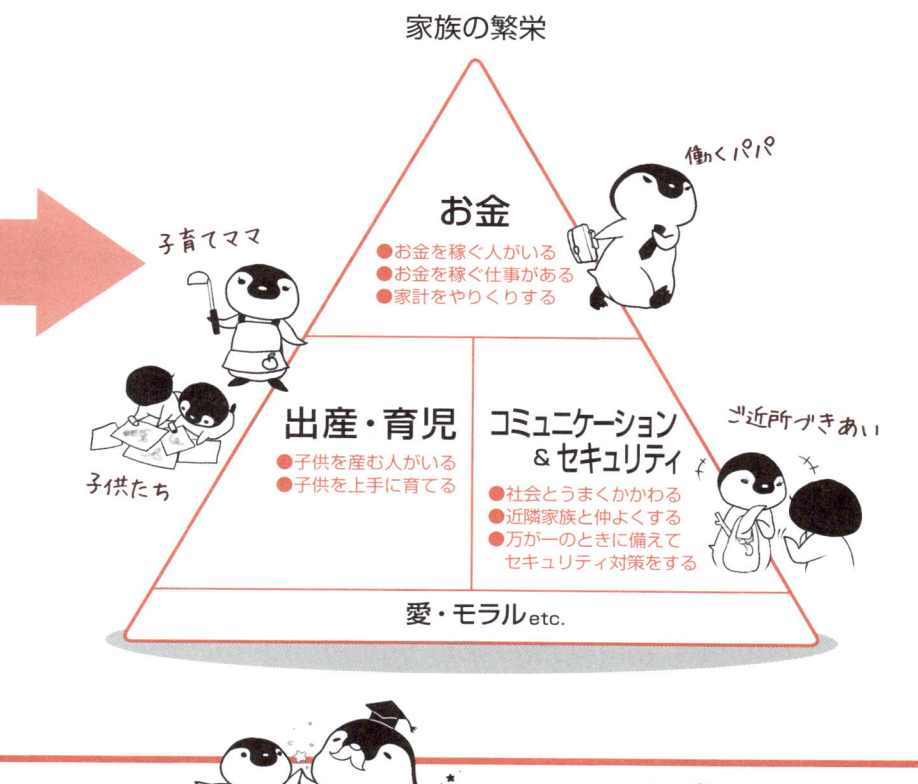

経済

問題①

仕事がない

不況が深刻化し、完全失業者が増大、特に若年層の失業率が深刻な状況となっている。

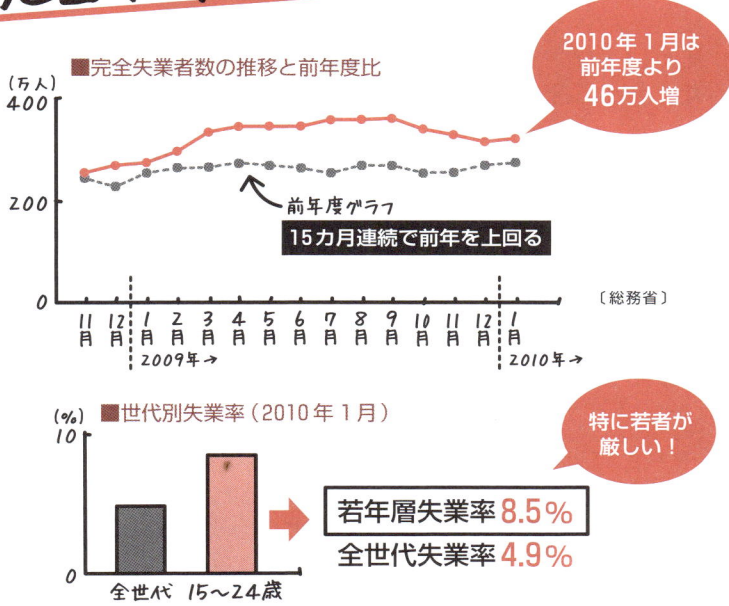

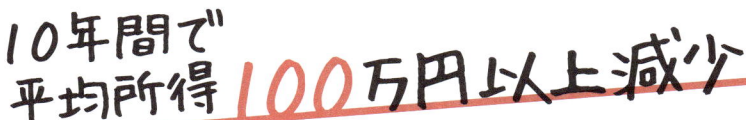

このままでは不況が続く……

👁: そういえば、1年くらい前に、バイト先の先輩が「内定取り消された！」って怒っていたよ。

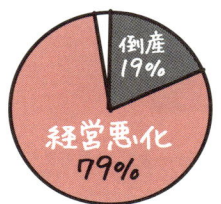

■2009年 内定取り消しの理由
〔厚生労働省〕

2009年3月卒業者の内定取り消しは、全国のハローワークに通知された件数だけでも427事業所、2083人（中学生1人、高校生379人、大学生等1703人）にものぼった。その理由のほとんどが、倒産もしくは経営悪化だ。

👁: 企業の経営が悪化しているということは、現在、就職している人たちもリストラされる可能性が高いということ？

そのとおり。2010年1月時点の完全失業者数は、323万人で、1年前に比べると46万人も増えた。現在、国民にとって、「仕事がない」ということが最大の不安のひとつになっている。経済問題を苦に自殺する人も多いので、今年はますます自殺者が増えるのではないか、と心配する声もあがっている。ちなみに、2009年の自殺者（暫定値）は3万2753人（前年比504人増）で、12年連続で3万人を超えた。

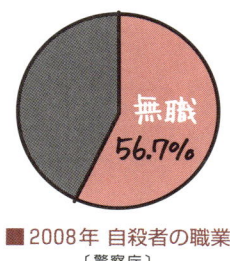

■2008年 自殺者の職業
〔警察庁〕

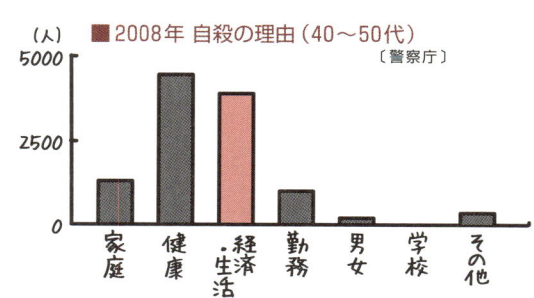

👁: 政府はどんな対策をしているの？

民主党政権の政策は、<u>基本的に、供給側（企業など）を強化するよりも、需要側（消費者など）にお金をばらまくほうが効果が高いというスタンス</u>だ。たとえば子ども手当も、経済の成長戦略の一項目と位置づけている。〝家計を楽にすることで消費を活性化させる〟という筋書きだね。

■民主党政権の仮説

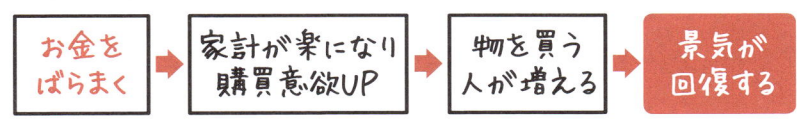

👁: なるほど。でも、ばらまいたお金って、貯金に回っちゃったりしないのかな？　日本人って倹約とか節約とか、好きだし。

なかなか鋭い意見だ。実は、電通総研のネットを通じた調査によると支給対象家庭の半数以上が<u>子ども手当は「子供の将来のための貯金に使う」</u>と回答しているんだ。

👁: やっぱりそうか。

さらに、同総研が子ども手当が月額１万３千円で１年間続いた場合の経済波及効果を試算してみたところ、約２兆４千億円で、ばらまくお金の合計金額である約２兆３千億円とほとんど変わらないことがわかった。どうやら<u>経済成長効果は見込めない</u>ようだね。

■現実は……

景気をよくして仕事を増やす方法とは

👁: どうすれば、景気が回復して仕事が増えるんだろう……。

歴史的に見ると、基幹産業の創出が最も効果的かもしれない。基幹産業とは、経済活動の基盤となる重要な産業のこと。世界のリーダーとなった近代国家は、みな新たな基幹産業を生み出している。イギリスは蒸気機関、ドイツは電気機器や精密機械、アメリカは自動車産業、1980年以降はIT産業を勃興させた。インターネット技術が生み出されたことによって、「IT産業」が創出され、それが基幹産業となって世界中に関連企業、雇用が生まれたね。基幹産業ができると仕事がたくさんできるんだ。

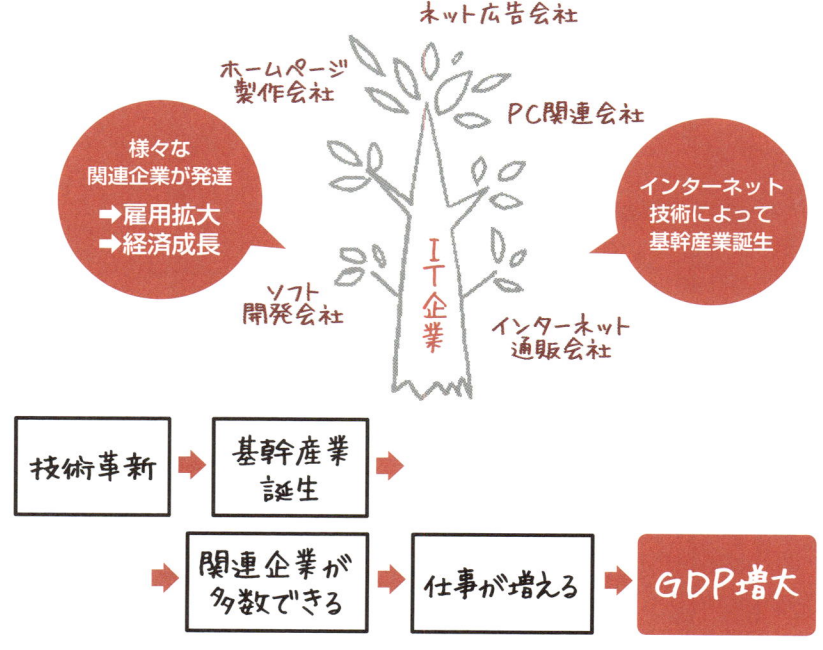

👁: どうやったら基幹産業をつくり出せるの？？

具体的には、2つの方法が考えられる。**1つは、基幹産業になる可能性の高い産業分野への積極投資**だ。税金をばらまくのではなく、未来への投資になるものにつぎ込むことだ。

👁: 投資すべき産業はあるの？

現在、日本には基幹産業に成長する可能性が高い産業がたくさんある。たとえばロボット産業。ロボットといえば、二足歩行ロボットのホンダ「ASIMO（アシモ）」が有名だね。最近は富士ソフトがヒューマノイドロボ「PALRO（パルロ）」を発表した。お手伝いロボットや、レスキューロボットなど、研究開発が進んでいる。今後、かなりの経済効果が期待されている分野だよ。

👁: ロボットのほかにも、基幹産業になる可能性の高い分野はある？

新エネルギーの分野も、日本は最先端だ。現在、石油に代わる新エネルギーとして有力なのは、水素や海洋温度差発電など。ハイブリッド車や電気自動車など、自動車産業におけるエネルギー革命は着々と進行中で、日本が先頭を走っている。次の時代の〝スタンダードになるエネルギー〟を、ぜひ日本で開発したいね。

👁: 事業仕分けで「科学技術部門の予算」が削減されたと聞いたけど。

民主党政権は、**未来への投資をやめて、バラマキの財源に充てようとしていた**んだ。やっていることは、アリとキリギリスのキリギリスに近い。未来をつくるどころか、未来を壊し、未来につけを残すばかりだ。

日本は食糧危機!?

👁: それにしても、日本の技術はすごいんだね。

　あと、基幹産業の候補として農業をあげておきたい。2008年の日本の食糧自給率はカロリーベースで約41％、穀物は約28％。他の先進国と比べても極端に低い。また、現在、世界の飢餓人口は約10億人にものぼり（国連HP）、世界の国々は食糧防衛に走る傾向を見せ、輸出を禁止する国が相次いでいるため、日本は早急に自給率を上げないと危険だ。そもそも、日本の農業技術自体は世界トップレベルなので、輸出産業、基幹産業にすることも決して夢ではないんだ。

👁: 農業に対して、政府はどのような政策を実施しているの？

　これがひどい。衰退産業を守るという名目で、様々な規制をかけている。最大のものが農地の賃貸や売買に関する規制だ。農地法という法律があって、農地は農家でなければ所有できず、各地域にある農業委員会の許可がなければ、農家も民間企業も農地を売買できないようになっているため、新規参入が進まない。農地が減るのを防いでいるつもりだろうが、結果は下のとおり。さらに政府は、価格を調整するためといって、減反政策（コメの生産量を減らす）も実施している。

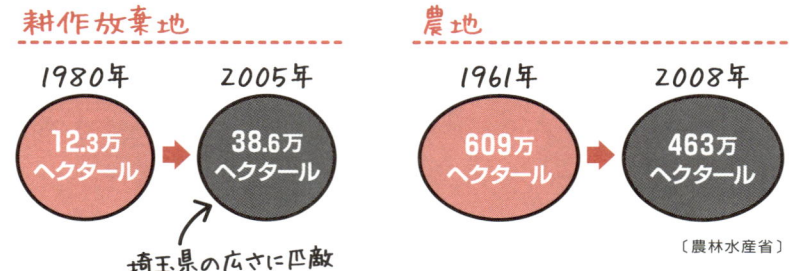

〔農林水産省〕

👁: なんだか発展的じゃないね。

　まるで農家を病人かなにかのように扱っている。希望あふれる未来ビジョンを描いて、産業を発展させる政策を打つべきなのに、政策は〝保護〟ばかりだ。考え方が悲観的すぎる。

👁: 保護ばかりして、よけいに産業が弱っていく悪循環……。

　今年からは、さらなる保護政策である戸別所得補償制度が始まる。民主党が公約に掲げていた政策で、2011年から始める予定だった制度を、米に限って、今年から全国一律で始めることになった。これは簡単に言うと、農家を保護するために、1年に1度、特定の農家すべてに政府がお金を直接支払う制度。赤字分を税金で埋めてあげるということだね。

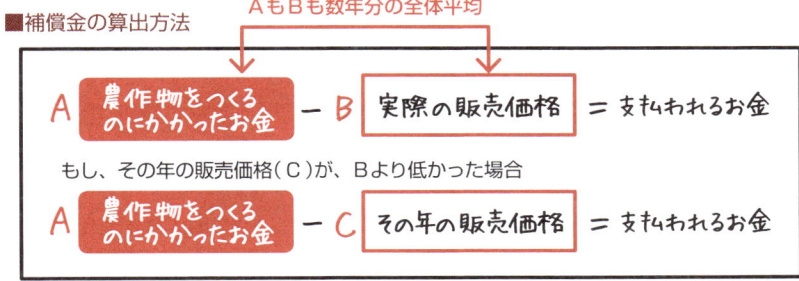
■補償金の算出方法

　上の式を見ればわかるとおり、産業全体で赤字を増やせば増やすほどもらえるお金が増えるということだ。学者など多くの人たちが反対しており、ある学者は「モチベーションがこんなに下がる産業はない」とまで言っている。また、政府が指定した作物・数量を守る農家全員にお金が支払われるという点も問題だ。専業か兼業か、農地が広いか狭いかなどを一切問わないため、実際には生活に打撃を受けていないような人たちにもお金を支払うことになる。政府は「決してバラマキを行って非効率な農業構造を温存するものではありません」などと一生懸命訴えているけど、どう考えてもバラマキだ。

カギは自由競争

👁: 保護政策をやめて、農業を活性化するためには？

　　　保護や規制の反対、自由化を進めなくてはいけない。そもそも平等にチャンスが与えられることで、みんなが創意工夫をするから経済が発展・繁栄するんだ。共産主義国の中国が、経済を自由化したことで、急激に発展しているだろう？　むろん、中国に関しては政治体制がまだ共産主義だという問題があるが、保護や規制を極力少なくして自由化すれば、競争が活性化して産業が発展する。

👁: 規制をなるべくやめて、国民の創意工夫をうながすということだね。

　　　そう。これは、どの産業にも言えるのだが、規制をかけると、自由競争が損なわれるため、結果的に衰退していくことが多い。極力規制緩和をして、自由競争ができる土壌をつくるべきなんだ。その上で、いざとなったときの救済策（セーフティー・ネット）を用意しておくのがベストだろう。

👁: 自由競争ということは、つぶれるところも出てくるの？

　　　もちろん、健全な競争が展開されることによって、つぶれる農家・企業なども出てくる。しかし、努力をした人が報われ、その結果、産業自体が発展したほうが多くの人が幸福になる。勉強も努力した人が報われるからこそ、頑張れるだろう？　一部の人だけが貴族階級として身分を守られていたらやる気をなくし、学生全体の学力が伸びないね。

日本の技術はこんなにスゴイ！

● 世界屈指の航空技術
◇アメリカ・ボーイング社最新鋭中型機「787」
日本の素材メーカーの技術によって、軽量化に成功した結果、約20％の燃料削減に成功し人気沸騰。機体全体の35％が、日本企業の技術でできあがっている。
- ■活躍した製品：東レの炭素繊維（鉄の10倍の強度を持ちながら重さは4分の1）、ジャムコのハニカムコア（ハチの巣状の軽量素材）
- ■機体づくりにかかわった企業：三菱重工業、川崎重工業、富士重工業、新明和工業

● 可能性を秘める宇宙産業
◇惑星探索機「はやぶさ」
5年前に地球から約3億キロメートル離れた小惑星「イトカワ」への離着陸に成功。世界で初めて月以外の天体に到着するという偉業を果たした。当探索機は搭載しているカメラやレーザーで物体の距離や形を認識して、その場でどのように動くかを自ら決定できる。2010年6月帰還予定。

● 最先端の新エネルギー開発
◇海洋温度差発電
佐賀大学が研究を進める「海洋温度差発電」は、発電の過程で水素や淡水をつくり出す未来型クリーン・エネルギーとして期待されている。

● 世界のロボットの3分の2が日本産
◇家事支援ロボット
食器を軽く水ですすいで食器洗い機にセットする、探し物を見つけて引き出しの中から出すなどの機能を持ち、衣類のような柔らかく形状が変化するものも取り扱える。
◇歩行支援ロボットスーツ「HAL（ハル）」
身体の動きを補助し、重さ30キログラムの米袋も軽々と抱えることができる。
◇コミュニケーションロボット「ワカマル」
人の顔を識別して会話をしたり留守番をしたりする。

交通革命の絶大な経済効果

👁:これまでの話をまとめると、「可能性のある産業に積極投資をする」「極力、規制をかけず自由競争をうながす」ことによって、基幹産業をつくれば、仕事が増えるということだね。

そういうことだ。もうひとつ、交通インフラの整備や航空・宇宙事業（日本版NASAの設立 etc.）など、未来投資価値の高い公共事業を基幹産業に成長させるという方法がある。

👁:なるほど。

交通インフラの整備は、大きな経済効果を生む。車ができて道路が整備され、電車・新幹線ができて線路が整備され、飛行機ができて空港が整備されることによって、ＧＤＰはどんどん上昇してきた。経済成長は、人・モノ・金・情報の流れが速くなることで起きるんだ。

👁:仕事も増えて、GDPの増大につながるのなら、一石二鳥だね。

今のバラマキ政策と比べれば、圧倒的に投資効果が高い。特に、日本の新幹線は、世界中がその技術を取り入れ始めている。開業後、経営的に失敗した路線はひとつもなく、死亡事故を起こしたこともないから世界中から評価が高い。今後は、高速鉄道の発展系といえるリニアモーターカーの導入による交通革命が期待される。

👁: 小学生のときに、「リニアモーターカーがもうすぐ走る」と習って楽しみにしていたのに、いつまでたっても走らないよ。

　国がちっとも動かないから、ＪＲ東海が自ら約5兆円を投じて**東京と名古屋を40分、東京と大阪を1時間**で結ぶリニアモーターカーを走らせるという計画を発表した。2025年開業を目指しているそうだ。大きな経済効果を生む交通インフラの整備は、未来ビジョンを描いて政府がもっと積極的に取り組み、基幹産業にすべきだ。

👁: 宇宙なんかも、夢があっていいなぁ。

　現在、宇宙航空研究開発機構（JAXA）が、スペースプレーンを開発中だ。スペースプレーンだと、**東京とロサンゼルス間を片道2時間**で結ぶことができるんだよ！　まさに未来社会だ。日本の小さな工場がNASAに部品を輸出していることは有名だね。日本のものづくり技術を生かして、ぜひ日本独自でスペースプレーンを開発し、定期便にしたいものだね。経済効果は計り知れないよ。

👁: スペースプレーンかぁ!!

　さらに、行政にこのような成長産業部門ができれば、**公務員をそちらに配置換えするなどの人事を行い、公務員全体の生産性を高めることもできる。**

👁: それはいいことだね。

　役所の問題点は仕事のスピードが遅いことなので、成長部門への人事異動とあわせて、**仕事を遅くしている決まりごと、法律などの廃棄**、また、**実力主義の導入**によって、公務員の創意工夫と企業家精神を引き出すことが大事だろうね。

国の仕事をスピードアップ！

👁: 公務員改革については、いつも問題になっているもんね。

　　役所の仕事が遅いせいで、民間の仕事がストップしてしまうんだ。もっと「経営の思想」「競争の原理」を取り入れて効率化すべきだ。具体的には、公務員の給与額を税収と連動させる「景気・税収連動型給与体系」を導入するといいかもしれない。税収を増やすためには、景気をよくしなければいけないから、モチベーションが上がるだろう。

👁: 確かに、給料が上がるのであれば、やる気がアップしそうだ。

　　あとは、思い切って公務員の副業・兼業を認める。市場の動向や経営を学ぶ機会となり、仕事のスピードがアップするはずだ。

👁: 世間の経済原理に触れる機会をつくるということだね。

　　そのとおり。あと、単年度予算制度も大問題だ。年度末に予算を使い切るために税金のムダ遣いをするという悪習を生んでいるから、複数年度予算制度を導入して、お金が余ったときには貯めておくことができるようなシステムにすべきだ。

👁: えっ！？　予算を使い切るためにお金を使うの！？

　　そう、日本は大きな赤字を抱えているのに、「予算を使い切らないと次の年に予算を減らされるから」と言って、必死に使い切るという、民間では考えられないようなことをしているんだ。民間では当たり前の経営の考え方を取り入れて、活気のある行政をつくりたいね！

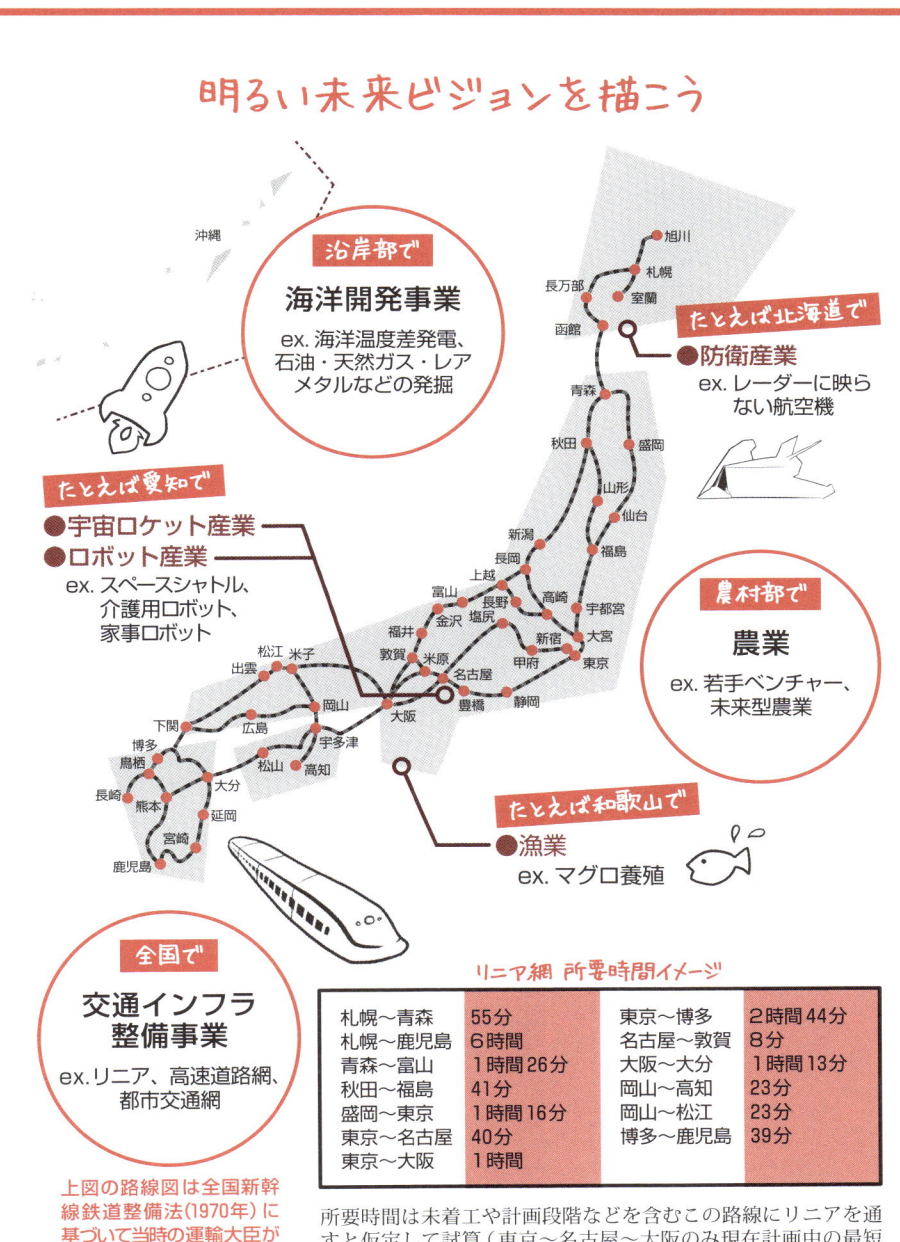

基幹産業をつくるための経済政策

　ここでは経済政策を体系的に見ながら基幹産業をつくるためにはどのような政策が必要なのかを示す。経済政策として、①財政政策、②金融政策に加えて、③規制緩和があげられる。経済政策の顧問としてついた人の専門によって、政府の政策はいずれかに偏りがちだが、基幹産業を育てるためには3つとも行うといいだろう。

①財政政策
国の「収入（歳入）」と「支出（歳出）」をコントロールする政策のこと。

A　収入（歳入）をコントロールする政策

現在の政権	→	基幹産業創出のためには
増税路線		減税路線

B　支出（歳出）をコントロールする政策

現在の政権	→	基幹産業創出のためには
社会保障・福祉重視		未来につながる投資重視

●段階的な大減税を

①贈与税・相続税の廃止
　110万円以上のプレゼントは、もらう側に最高50％の贈与税が発生。相続税の場合、3代目までに財産がほとんどとられてしまう。これは明らかにお金持ちや贅沢を否定する考え方が入っているため廃止するべき。

②法人税を約40％から諸外国レベルの25％程度に引き下げる
　黒字分の約40％を法人税としてとられるため、節税を行って赤字化する企業が多く、実際に7～8割の企業が赤字。まずは諸外国レベルの税率である25％程度まで下げて、企業の黒字化をうながす必要がある。

③さらに所得税・法人税を10％程度の一律課税（フラットタックス）にする
　現在は所得が多い人ほど税率が高い税制（累進課税）で、たとえば所得195万円の人は税率5％、所得1800万円の人は税率40％。これではお金を稼ぐ意欲がそがれてしまうため、10％程度の一律課税にするべきだろう。法人税も25％からさらに引き下げて、節税や脱税をするよりも素直に払ったほうが得になる10％程度まで引き下げれば企業のモチベーションが上がる。

④消費税の廃止
　消費税を上げても税収は増えない。むしろ消費税を廃止して消費を活

性化させ、景気を回復する道を選ぶべき。景気が回復すれば税収（財源）は確保できる。

●未来につながる投資（積極財政）

技術力の高い未来産業（交通インフラ整備、航空・宇宙産業、新エネルギー産業など）に積極的な投資をすることで基幹産業が育つ。

※94ページも参照

②金融政策 → 金利の上げ下げによる調整

日本銀行が行う金融面からの政策のこと。市場に出回るお金を調節する（金融引き締め・金融緩和）。

現在の政権	基幹産業創出のためには
金利0.1％	金利ゼロ

→ お金の量自体を増減させることによる調整

現在の政権（2010年3月実施）	基幹産業創出のためには
20兆円の資金供給	30兆円以上の資金供給

●ゼロ金利の導入

現在の政策金利は0.1％。わずかな金利であるから、ゼロ金利にしても効果はないという意見もあるが、景気回復のためには、これ以上無理というところまで下げる姿勢を見せることが大事。

●量的緩和

供給と需要のギャップ（デフレギャップ）が30兆円以上あると言われるなか、20兆円や30兆円のお金を増やしても紙幣価値の暴落は起きないので、積極的な量的緩和をする必要がある。
※場合によっては、政府紙幣の発行、銀行紙幣の発行なども検討の余地あり

③規制緩和

ある産業や事業に対する規制を縮小すること。

現在の政権	基幹産業創出のためには
規制・保護路線	規制撤廃路線

戦後、増えに増えた規制をひとつずつ撤廃し、自由競争をうながす必要がある。たとえば、航空や鉄道などの交通分野での自由化、都市開発・土地利用の自由化、農業への新規参入自由化、医療・子育て・その他の社会保障の分野での自由化などがあげられる。

経済・問題①
「仕事がない」
解決策

基幹産業をつくる

- 可能性の高い産業へ積極投資
  ロボット産業、新エネルギー開発、農業 etc.
- 未来投資価値の高い公共事業を
  基幹産業に成長させる
  リニアなどの交通インフラの整備、日本版NASAの設立 etc.

ペンたろうの~~誇大妄想~~未来ビジョン①

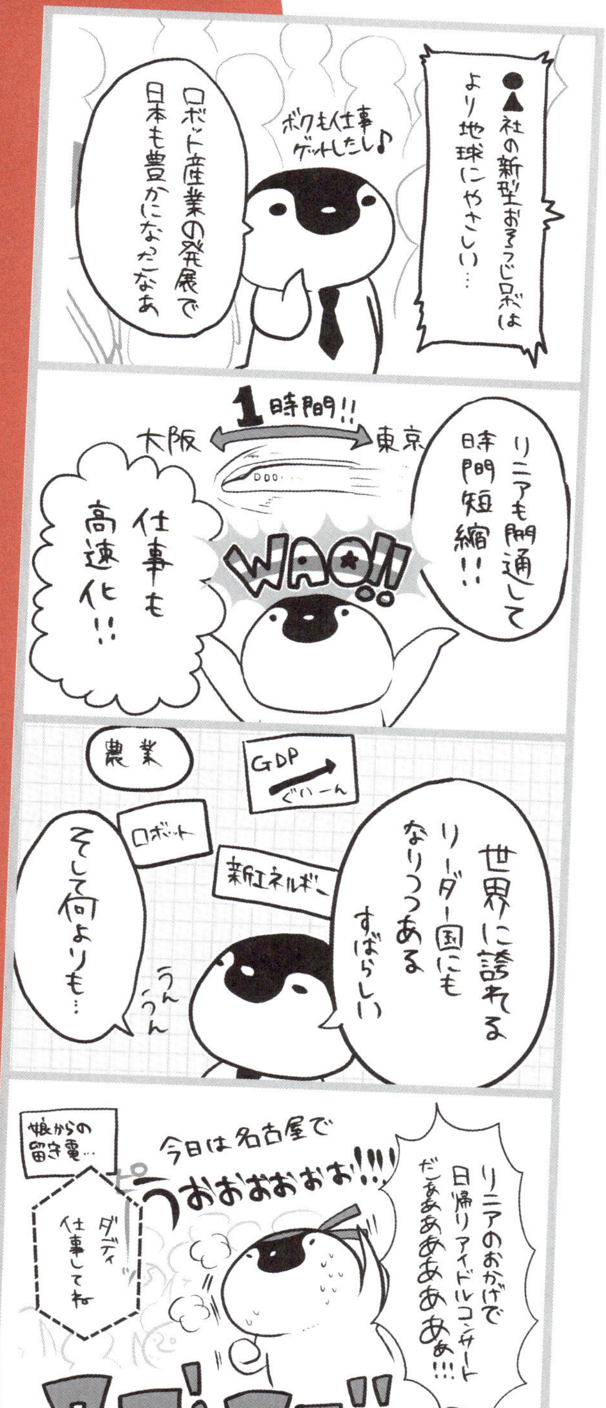

経済

問題②

働く人が減り続ける

人口減少と高齢化が加速し、労働力が激減する見込みとなっている。

総人口 40年間で 3228万人減少

■総人口の将来推計

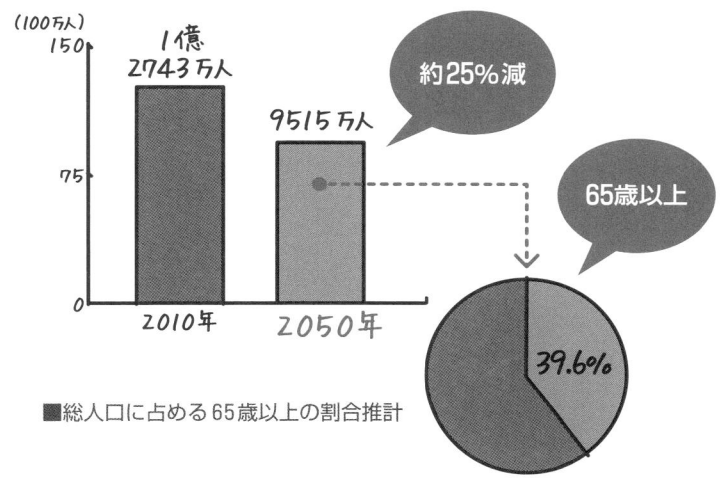

■総人口に占める65歳以上の割合推計

〔国立社会保障・人口問題研究所 2006年推計値〕

労働力人口 10年間で 500万人減少

■労働力人口の将来推計 〔日本経済新聞 2010.1.1〕

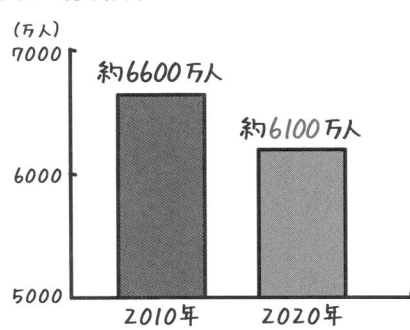

GDP激減、年金制度崩壊

👁: 少子高齢化って、ぼくの一族で考えると、親戚がおじいちゃんとおばあちゃんばっかりになって、若い子がいなくなっていく感じかぁ。

その場合、普通に考えれば一族の収入は徐々に減り、衰退していくよね。国単位でも考え方は同じ。ビル・ゲイツみたいな子が生まれれば別だけど、このままだと若者が減り、全体の経済規模が縮小する。<u>日本のGDPは2050年までに100兆円以上減る</u>ということになりかねない。

■名目GDPの推移

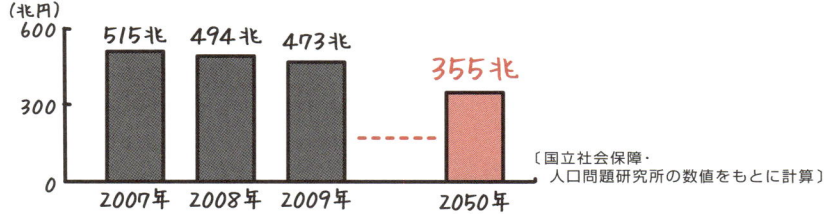

〔国立社会保障・人口問題研究所の数値をもとに計算〕

👁: 年金も大変なことになりそうだね。

年金制度は、働いている人たちが、定年後の人たちを支えるシステムになっているからね。2055年には、働いている人と年金をもらう人の比率が1対1になると予想される。自分が養っている家族以外に、もう1人を扶養しないといけなくなるわけだ。制度の崩壊は避けられないね。世界中の<u>金融のプロたちも、「人口増加策をとらずして日本に繁栄の未来はない」と言っている</u>。

■「働いている人」と「年金をもらう人」の比率

世界の常識!? 日本繁栄のカギは人口増加政策にある

● 世界的に有名な経営学者・社会学者の **ピーター・ドラッカー** 氏
「不足する労働人口を補うために、日本は移民を受け入れざるを得なくなるでしょう。(中略) 移民を受け入れて労働市場を活性化しない限り、日本の経済はもはや成り立たなくなるはずです」
〔『ドラッカーの遺言』(講談社)〕

● 世界的に著名な投資家、**ジム・ロジャース** 氏
「日本の人口動態は深刻だ。(1) 子供を産む、(2) 移民を受け入れる、(3) 生活水準を下げる――のなかで今の日本は (3) を受け入れた。財政赤字は最悪であり、出生率を上げないと50年後には深刻なことになる」
〔2009年10月26日東京都内の講演会〕

● JPモルガン・チェースの最高経営責任者、**ジェイミー・ダイモン** 氏
「私が日本の立場ならば (中略) 移民も検討する。移民は米国の強みであり続けた。世界中から最高の人材が集まる仕組みでもあった」
〔日本経済新聞2009.12.29付〕

● フランスの経済学者、**ジャック・アタリ** 氏
「出生率を上げるか、外国人労働者を受け入れるしかない」
〔読売新聞2010.1.3付〕

● フランスの人口統計学者、**エマニュエル・トッド** 氏
「日本は移民が必要だということを直視できるだろうか」
〔読売新聞2010.1.16付〕

● 外資系も含む **金融機関 約40社** にある公益団体が実施したアンケート
　質　問：「日本経済が再び成長路線に入るために何が必要か」
　答　え：① 少子高齢化への歯止め
　　　　　② (中長期的) ビジョン
　　　　　③ 移民政策　　※多かった順

※答えの一部「人口ピラミッドの根本的改善」「本格的な移民政策」「外国人も含めた労働人口の増加」「優良移民に対するグリーンカードの発行」etc.

なぜ、子供を産まないのか

👁: どうすれば、いいのかな。

> まず、<u>出生数を上げる努力をするべきだ。2009年の推計出生数は106.9万人で2005年以来の低水準</u>。人口減少は7.5万人で過去最大となった。2005年の調査によると、家族が理想の数の子供を持たない理由として、以下のようなものがあげられたんだ。

■理想の子供数を持たない理由（複数回答）　〔国立社会保障・人口問題研究所〕

①子育てや教育にお金がかかりすぎるから	65.9%
②高年齢で産むのはいやだから	38.0%
③自分の仕事（勤めや家業）に差し支えるから	17.5%
④家が狭いから	15.0%

※解答率が15％以上で、自身の心理的および肉体的要因以外のものをピックアップ

👁: 確かに、若者としてはどれも納得の理由。

> ①については出産費用など、子供が小さいときにかかるお金は低く抑えられるようになっている。問題は幼稚園・小学校以降だ。特に「私立で質のよい教育を受けさせたい」と思う親が増えているため、理想の教育を下図のケース6と考える傾向がある。<u>高校卒業までに1663万円もかかる</u>と思うと、子供をあまりたくさん産めない。

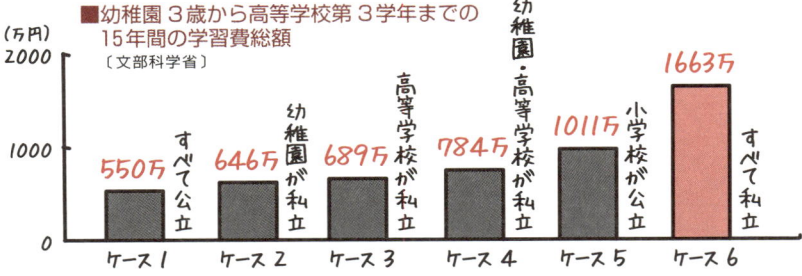

■幼稚園3歳から高等学校第3学年までの15年間の学習費総額　〔文部科学省〕

- ケース1　すべて公立　550万
- ケース2　幼稚園が私立　646万
- ケース3　高等学校が私立　689万
- ケース4　幼稚園・高等学校が私立　784万
- ケース5　小学校が公立　1011万
- ケース6　すべて私立　1663万

👁: 公立に行ったら行ったで、塾とかのお金がかかるしね。

そうだね。公立学校に通う人は、教育費のなかに塾費用がプラスされることが多いようだ。不況にもかかわらず、2008年度の中学生（公立）の学習塾費（年平均）は、**過去最高の18万7691円となった**ことが文部科学省の調査でわかっている。公立中学校の教育だけでは、高校受験に対応しきれていない現状があるようだね。

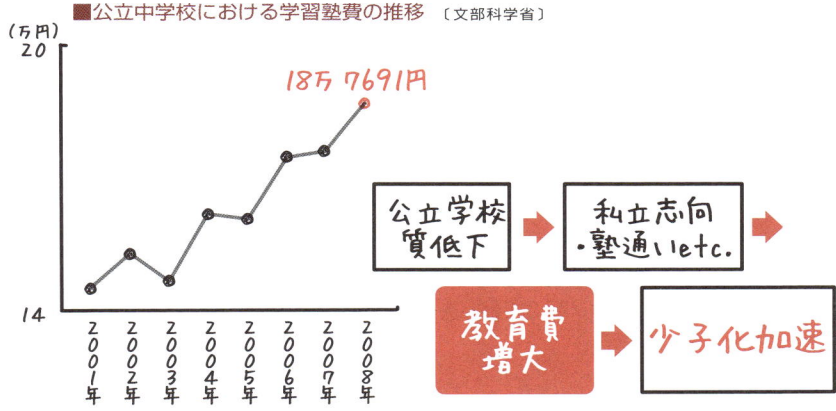

■公立中学校における学習塾費の推移　〔文部科学省〕

👁:「子ども手当」や「公立高等学校の授業料無償化」は、意味がない？

子ども手当に関しては、2010年度は半額支給のため、合計2兆3千億円だったが、2011年以降は満額支給となり、5兆円規模の財源を確保し続けなくてはならなくなる。これだけのお金を確保し続けるのは至難の業（事業仕分けで出てきたムダは1兆円弱）だ。公立高校の授業料無償化も、財源の問題をはじめ、様々な問題がある。**根本的な問題は、公立学校の教育レベルの低さ、人気の低さ**だろう。国は教育に多大な税金をかけているにもかかわらず、私立や塾に負けてしまっているのが現状。早急にレベルアップを図り、公立学校の人気を復活させる必要がある。教育の問題に関しては、大きな問題なので、あとでゆっくり考えることにしよう（42ページ）。

待機児童 2万5千人!

👁:「②高年齢で産むのはいやだから」「③自分の仕事に差し支えるから」を解決するためには、保育所を増やす必要があるんじゃないかな。

そうだね。労働力が激減していく流れのなかで、今後も女性の活躍の場は増えていくだろうと考えられるので、**子供を持つ女性が働きやすくなるような環境をつくる必要がある**。そもそも、フランスでは現金給付を重視していた1980年代に、出生率が徐々に低下していったんだが、**1990年代に保育施設の整備などへの支出を増やした結果、1990年代半ばに出生率が上昇に転じた**。現金給付よりも、保育所整備etc.のほうが、出生率上昇に効果があるかもしれない。

👁: **ニュースで待機児童の問題をよく見るよ。**

たとえば、2009年4月1日時点で、保育所**待機児童数は2万5384人**。2008年よりも約6千人増えた。そのなかでも、**特に都市部の待機児童が全体の約8割**を占めている。「保活」(子供を保育園に入れる活動)という言葉まで生まれているんだ。

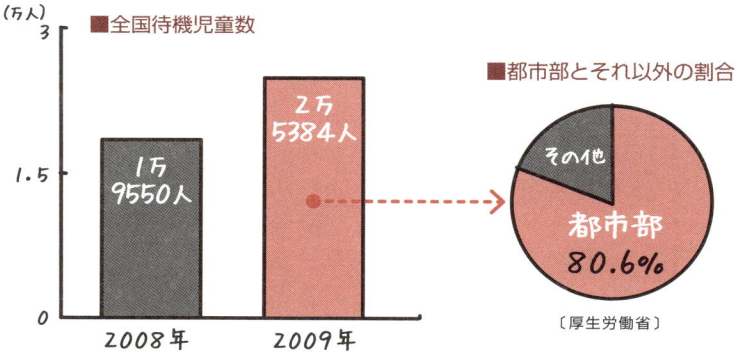

〔厚生労働省〕

👁：お姉ちゃんの友達も「預けるところがない」って言ってるよ。

> 潜在的にもっと多くの待機児童がいるだろうね。ある意味、ニーズが高いわけだから、企業家にとっては、ビジネスチャンスだ。お金を直接渡す、という発想をやめて、<u>規制を緩和し、子育て支援ビジネスがもっと活性化するようにしたい</u>ところだね。あとは現在、企業のなかに保育ルームを設けるところも出てきているから、そういう<u>子育て支援に積極的な企業は減税する</u>という手もあるかもしれない。

👁：あとは「④家が狭いから」という問題を解決しないと。都会だときょうだいが2人だけでも、なかなか1人部屋がもらえないんだ。

> 住環境の問題だね。特に都市部は部屋が狭いため、子供を増やしたくないという気持ちになりがちだ。実は建築物に関しても、規制がすごいんだ。土地を買っても、つくりたい建物をスッと建てることができない。<u>「これ以上広くしたらだめ、高くしたらだめ」などの規定（建ぺい率・容積率etc.）が他の先進国と比べてかなりきつい</u>んだ。たとえば東京ドームを建設する際も、なかなか東京都庁から認可が下りず、担当者は何度通ったかわからないほど東京都庁に通いつめたと話している。もっともっと<u>規制を緩和</u>していく必要があるだろう。

👁：さっき話してた交通革命でリニアが通るようになれば、通勤圏が広がるから、田舎の広い家から通えるようになるかもね。

> そう、<u>交通革命で通勤圏を広げてしまう</u>というのもひとつの手だね。また、<u>家事ロボットづくりをどんどん推奨して、女性の負担を減らす</u>ことも効果的だ。事実、アメリカ生まれの掃除ロボット「ルンバ」は、1台約7万円にもかかわらず、日本の深夜テレビ通販番組で紹介されたところ、1日で2億円以上を売り上げた。大きなニーズがあることをうかがわせるね。

定年を延ばすという発想

👁:まとめると、「交通革命やロボット開発を進めつつ、子育てビジネス・住宅に関する規制を緩和して育児環境を整備する」ということだね。

　通勤圏と住空間が広がり、家事の負担が減り、育児のしやすい環境が整えば、少しずつ出生数が上がっていくだろう。あとは、労働人口を増やすという視点から考えると、<u>定年を延ばして労働人口を増やす</u>というやり方もありうる。

👁:おぉっ!!

　ちなみに政府は、定年を60歳以上とし、65歳に延ばすことを推奨している。もっとも、年金支払いの年齢が65歳に引き上げられたからだと思われるが……。昔と比べて、寿命はどんどん延びているわけだから、思い切って「75歳定年制」にしてもいいんじゃないかと思う。2006年電通が行った調査によると、77％が定年後も組織で働くことを選択したことがわかったんだ。<u>健康で働く意欲のある高齢者には、働く環境をどんどん提供するべきだね</u>。

👁:アメリカのディズニーランド旅行に行ったとき、おじいちゃんとおばあちゃんがかわいい格好で接客してて、ビックリした。

　日本ではあまり見られない光景だね。アメリカには、定年というものはなく、採用に関しても年齢差別を禁止している。日本でも、もっともっと元気なおじいちゃん、おばあちゃんが働ける環境が整うといいね。生きがいの面でもいいことだろう。おじいちゃんとおばあちゃんが老後を生き生きと過ごすことができれば、日本がより明るくなりそうだね。

👁: 今の60歳は、まだまだ元気いっぱいだもんね。

そしてもうひとつ、労働人口を増やす方法がある。それは、移民の受け入れだ。島国である日本人にとっては、とても抵抗のある考え方だろうけど、大手新聞各紙も、人口増加策として「移民」という選択肢を現実的なものとして報じ始めている。

👁: 最近コンビニで、外国の人をよく見るよ。

労働力が減っていることに加えて、日本の若い人には就職難と言いつつも、安い賃金やきつい仕事に就きたがらない傾向がある。その結果、少しずつ外国人労働者が増え、最近では「不法就労の外国人を雇用した罪で経営者逮捕」というたぐいの事件が頻発している。事情を聞くと、ほとんどが「人手不足で見て見ぬふりをした」というもの。ほっとくと不法就労がどんどん増えるので、早めにちゃんとした移民制度を整えないと、よけいに危ない状況だ。

👁: 移民が増えると、犯罪も増えそうなイメージがあるけど。

そうだね、移民を受け入れる際には、あわせて教育システムをつくらなくてはならないだろう。日本語や日本文化を学んでもらい、日本を好きになってもらうことが肝要だ。公立学校の放課後の教室などで、アメリカのようにボランティアをつのって無料授業を提供したりするのもいいかもしれないし、移民事業を基幹産業に育てるという考え方もある。そもそも歴史を振り返ってみると、その時代に最高の繁栄を誇った国家や都市はみな国際都市だ。古代ローマや、8世紀の唐の長安、近年のニューヨークがそれに当たる。世界中から多民族が集まる国にこそ、新しい文化や価値観が生まれ、最高の繁栄がもたらされる。日本も国際都市へ脱皮する時期が来たのかもしれないよ。積極的、発展的に考えたいね。

少子高齢化でどうなる!? 社会保障

　人口の増加政策を実施するとしても、少子高齢化傾向はしばらく続く。

　2050年には65歳以上の高齢者の割合が、約40％になると予測されている。そこで問題になるのが、年金や医療費などの社会保障についてだ。

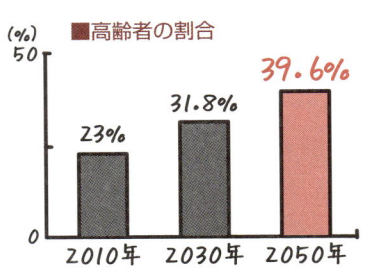

■高齢者の割合
- 2010年: 23%
- 2030年: 31.8%
- 2050年: 39.6%

〔国立社会保障・人口問題研究所 2006年推計値〕

●年金制度の抜本改革

　前述したとおり、現行の年金制度は近い将来、実質的に破綻する。
　一度破綻処理をして、新たなシステムを考える必要があるだろう。
　ちなみに、もし仮に現行制度のままでいくと、30代は生涯で1000万円以上、20代以下は2000万円以上損をする計算になる。

　それでは、現在の年金制度を破綻処理した後、どのような年金制度をつくればよいのだろうか。

　若者が重い負担を負わなくてすむ現実的な制度を考えたときに、最低限の生活保障を用意しつつ、地域の助け合いや福祉活動を行う公益団体をバックアップしていくスタンスがもっともよいと考えられる。

　また、若者には積立方式の新しい年金制度を検討するとよいだろう。

　さらには、前述したとおり、元気な高齢者には、75歳まで現役で働ける環境をつくり、生き生きとした老後生活を送れるように支援すれば、日本が明るくなる。

年金制度破綻処理 → セーフティ・ネット 若者向け新・年金制度 ＆ 地域ネットワークづくり 75歳定年制 → 生き生きとした老後

●医療制度のイノベーション

　医療費問題も深刻だ。医療技術の進歩や高齢化などにより、医療費が増え続けている。また、公立病院は約7割が赤字経営で、医療現場は大変厳しい状況に陥っている。

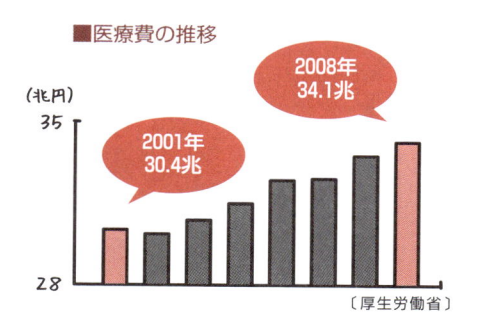

■医療費の推移

2001年 30.4兆
2008年 34.1兆
（兆円）
〔厚生労働省〕

■2008年 公立病院に占める赤字病院の割合

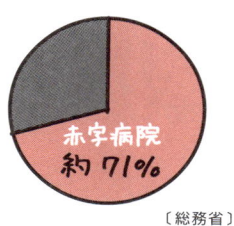

赤字病院 約71%
〔総務省〕

　そのため、2010年3月から社会保険料が平均9.34％に引き上げられることになり、国民の負担が増えることになった。
　このままいくと国民の負担がさらに増える可能性があるため、医療制度のイノベーションが必要だ。

　まずやるべきことは、政府が価格決定するシステムを緩和して、医師・病院による価格設定を認めることである。
　これによって自由競争がうながされ、患者さんにとって満足度の高い医療サービスを提供する病院が繁盛するシステムになる。

　次に、病院に民間の経営手法を取り入れる必要がある。
　赤字の公立病院を大企業が指導できるようにし、さらには医師や歯科医師ではなくても、病院のトップにつけるようにするべきだ。
　また、事実上認められていない株式会社による病院経営を解禁するとともに、大学医学部に病院経営を学べるシステムを導入することも検討する必要があるだろう。

［医療制度に**市場原理**を導入］ & ［病院に**経営手法**を導入］ → ［サービスの多様化 公立病院の黒字化］ → ［**医療費負担減**］

経済・問題② 「働く人が減り続ける」
解決策

人口を増やす 働き手を増やす

- 出生数を上げる
  教育改革、子育てビジネス・住宅に関する規制の緩和、交通革命、家事ロボット開発 etc.
- 定年を延ばす
  75歳定年制 etc.
- 移民を受け入れる
  移民制度・移民教育システムの整備 etc.

ペンたろうの~~誇大妄想~~未来ビジョン②

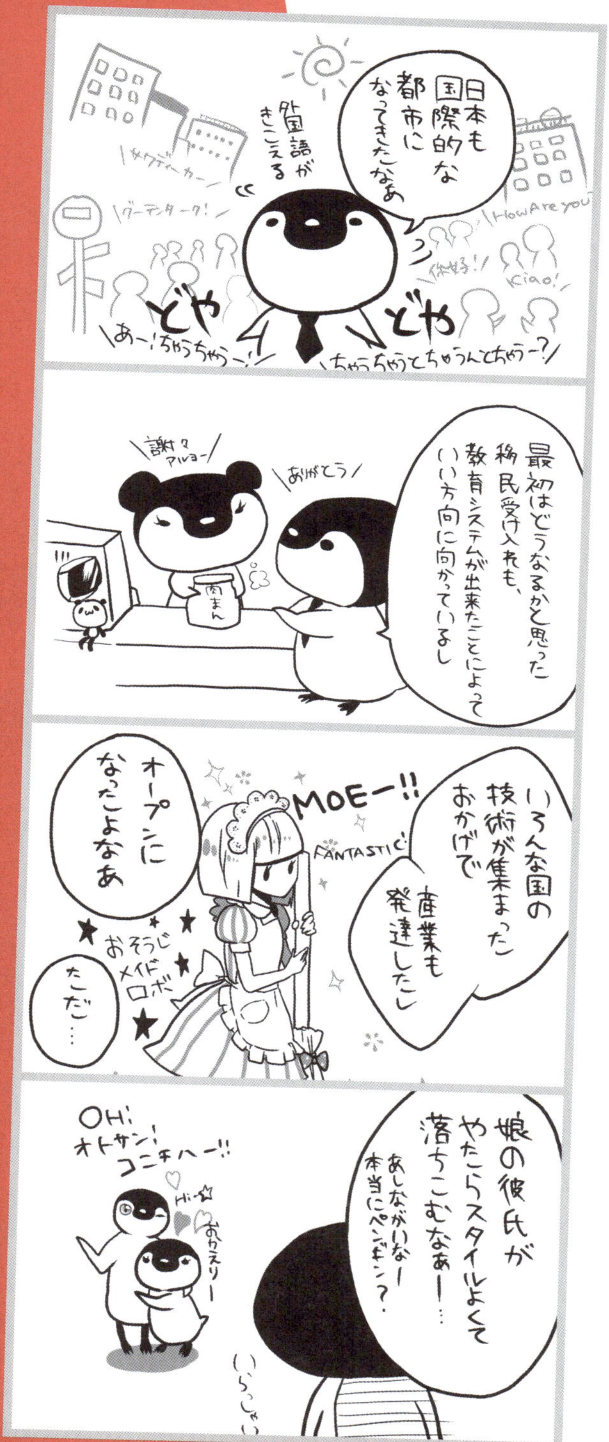

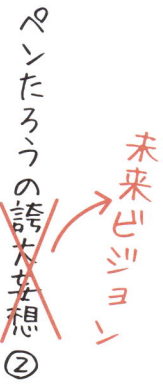

教育

問題③

ゆとり教育で学力低下

2002年にゆとり教育が完全導入されてから、日本の子供たちの学力が大幅に低下。私立受験や塾通いする子供が増大し、公立学校の危機が叫ばれている。

学力世界順位 大幅DOWN↓

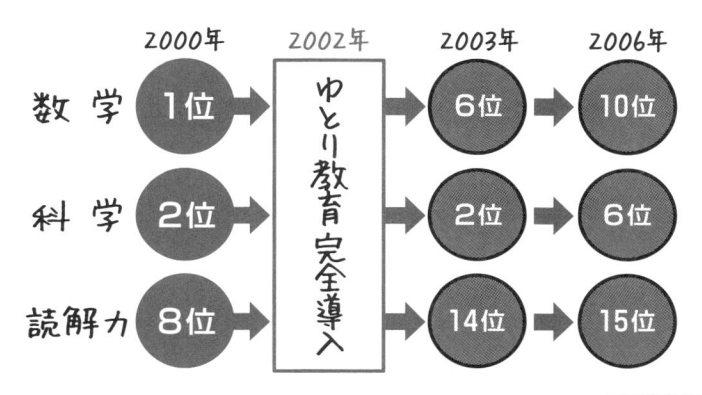

	2000年	2002年	2003年	2006年
数学	1位	ゆとり教育完全導入	6位	10位
科学	2位		2位	6位
読解力	8位		14位	15位

〔文部科学省〕

私立中学受験 大幅UP↗

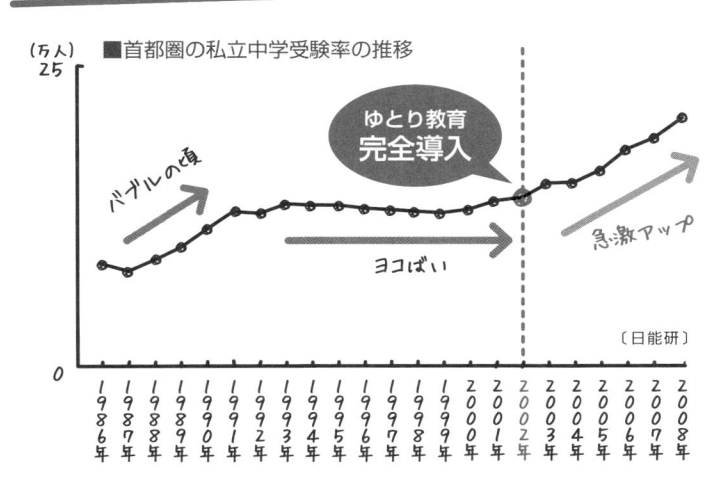

■首都圏の私立中学受験率の推移
（万人）

バブルの頃

ゆとり教育 完全導入

ヨコばい

急激アップ

〔日能研〕

1986年〜2008年

ゆとり教育の内容

👁: 出た、ゆとり問題!!!

　今の若者は「ゆとり、ゆとり」と言われてつらいだろうなぁ。ゆとり教育とは、「詰め込み教育は悪である」という考えのもと、2002年から完全導入された教育のことだ。特徴は、①「学習内容3割削減」、②「基本教科の授業時間削減」、③「完全週5日制」、④「総合学習の導入」の4つ。

👁: やっぱり学力は確実に下がっていったみたいだね。

　授業時間数は、小学校で400時間、中学校で210時間削られたし、学習内容は約3割も削られたからね。導入されたのち、子供たちの学力が落ち込み、公立学校離れ、私立志向が進んだ。私立中学を受験させる親が増大したんだ。

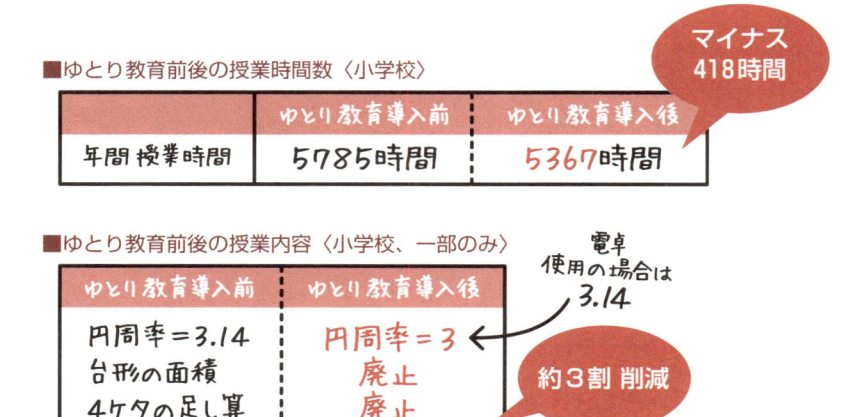

■ゆとり教育前後の授業時間数〈小学校〉

	ゆとり教育導入前	ゆとり教育導入後
年間授業時間	5785時間	5367時間

マイナス418時間

■ゆとり教育前後の授業内容〈小学校、一部のみ〉

ゆとり教育導入前	ゆとり教育導入後
円周率=3.14	円周率=3
台形の面積	廃止
4ケタの足し算	廃止

電卓使用の場合は3.14

約3割削減

👁: 学習内容・授業数を削減、登校日を減らして"ゆとり"をつくったのか。「総合学習」はどういう趣旨だったんだろう？

　　　生徒自身でプロジェクトを立て、経験させ、考えさせることによって問題解決能力や生きる力を身につける学習のことだね。詰め込みの逆というわけだ。さらには、成績評価も相対評価から絶対評価へ変わり、教師は授業中の発表や宿題の提出状況など、普段の学習態度を中心に評価するようになり、テストの点数比重は低くなった。指導力不足と言われることを恐れ、通知表に1や2をつけづらくなったという点も指摘されている。

👁: まさに甘やかし教育だね。

　　　これには、さすがのマスコミも騒いだ。公立学校への信頼が失墜し、危機感が高まったんだ。その結果、通塾などが激増。2007年の調査によると、学校外での何らかの学習活動（学習塾、家庭教師、通信添削、ならいごと）の実施状況は、公立小・中学校のどの学年もおおむね80％前後となっている。また、2009年の調査では、塾通いが過熱化する理由に「学校だけでは学習が不安」とする意見が6割以上を占めた。そもそも教員は、一般の地方公務員に比べて4％ほど給料が高い。さらに数兆円もの予算を使っておきながら、公立学校で子供に学力を身につけさせることができないなら、税金のムダ遣いだ。

👁: でも、ゆとり教育、そろそろ見直されるんじゃなかったっけ？

　　　確かに深刻な学力の低下を招いたため、ゆとり教育の見直しが行われることになった。小学校は2011年、中学校は2012年に授業時間・内容が改訂される。教科書のページ数は大幅に増えるようだね。しかし、それでも授業時間数はゆとり教育導入前と比べると小学校で年間140時間、中学校で105時間も少ない。また、授業内容に関しても、すべて元に戻るわけではない。これがゆとり教育の見直しと言えるのかどうかはいささか疑問だ。

そもそもの始まりは……

👁：ゆとり教育って、そもそも誰が言い始めたの？

　　日教組だろう。彼らは詰め込み教育に反対し、「ゆとりある学校」づくりを提唱したんだ。

👁：ニッキョウソって何？　宗教？？

　　……日本教職員組合の略称で、公立学校の教員たちによる労働組合の連合体のことだよ。現在の組合員は約28万人だ。

👁：すごい略し方するなぁ。「ソ」がまぎらわしいよ。いつぐらいにできたの？

　　日教組の結成は、戦後にまでさかのぼる。日本は第二次世界大戦に負けたね。そのときアメリカは、日本が再び世界の脅威とならないように、「軍国主義」と「国家主義」を根絶する計画を立てたんだ。

👁：軍国主義と国家主義……戦争に走る傾向と、日本大好きっていう考えのことかな。

　　簡単に言えばそんなところだ。軍国主義根絶は、憲法第9条（戦争の放棄）として実現。国家主義に関しては、根源は国家神道（戦前の天皇制）にあると考え、1945年に「神道指令」を発布し、国家と神道の結びつきを完全に分離した。きわめつけがアメリカ指導による、教職員労働組合連合「日教組」の誕生（1947年）だった。教育界から宗教色を抜き、労働組合をつくらせることで、聖職者という意識を消し込んだんだ。

👁:ある意味、日本を骨抜きにするための政策の一貫だったのか。

そうだね。もともと教員の労働組合はパラパラと存在していたんだが、アメリカの指令のもとに、一気に団結した形になった。それからというもの、日教組は<u>「教師は労働者である」「教師は団結する」</u>などからなる倫理綱領を掲げ、権利の主張、政治に対する発言力を強めてきた。

👁:え？　その2つの主張の意味が、いまいちわからない。

日教組はね、きみがさっき言っていたが、ある意味においては、〝宗教的な要素〟を持っていると言える。教祖は<u>マルクス</u>、教義は<u>共産主義思想</u>だ。

👁:マルクスって？

マルクスは『共産党宣言』という共産主義同盟のための綱領文書を起草した人だ。貴族階級が労働者階級から富を搾取していると考え、「労働者よ、立ち上がれ！　団結し、搾取するものたちと戦い、権利を守れ」と言った。この考え方が労働組合という組織の根底に流れている。労働階級という概念を生み出した人なんだ。共産主義思想の特徴は唯物論と階級闘争など。唯物論（魂や霊は存在せず物しかないという考え方）のため、一般的にイメージする宗教とは違うけれども、信条を同じくした人たちが団結し、運動をするという面を見れば、一種の宗教とも言える。

👁:なんか、ちょっと怖い話になってきたんだけど……。

もちろん、同じ日教組に所属している人のなかにも程度の差はある。ただ、<u>日教組のベースには共産主義思想があり、そこから権力への反発（反権力思想）や権利の主張、国家主義への反発、そして自虐的な歴史観（自虐史観）などが出てくるわけだ。</u>

戦後のゆとり教育年表

1947年 「教育基本法」「学校教育法」成立
6・3・3・4制採用
学習指導要領制定

1966年 全国一斉学力テスト廃止

1967年 都立高校入試に学校群制度を導入
> 学校をいくつかのグループに分け、学力が平均化するように合格者を振り分ける制度。この制度導入以降、都立高校全体の難関大学進学実績は低迷。

1974年 「人材確保法」施行
→教員の給与を一般公務員より優遇することを定める

1977年 学習指導要領 改訂
1980年 実施
➡ 通称「ゆとりカリキュラム」
学校生活における「ゆとりと充実」を目指し、授業時間数の削減などを定める。

1980年 受験競争の低年齢化やいじめ・校内暴力が問題化

1989年	**学習指導要領 改訂**
1992年	**実施** ➡ 学習内容削減 　小学校低学年に「生活科」を設置。

1992年	9月より第2土曜日が休日に
1995年	4月より第4土曜日が休日に
1997年	小学校で学級崩壊が大きな話題に

1998年	**学習指導要領 改訂**
2001年	文部科学省が「21世紀教育新生プラン」発表 ➡「習熟度別指導の推進」などを盛り込む。
2002年	**実施** ➡ 学習内容を3割削減、 　総合学習、絶対評価の導入、 　学校週休5日制完全定着

ゆとり教育完全導入

↕

・学力低下
・私立中学受験ブーム

2011年	**学習指導要領 改訂** ➡ 授業時間数・授業内容が一部復活

アメリカ子ども中心主義の影響

👁: ちょっと難しいな……。そんなに怖い先生、いなかった気がするけど。

> 知らず知らずのうちに影響を受けているはずだよ。「南京大虐殺」などをやたらと詳しく習うわりには、世界で評価の高い明治維新などはあまり習わなかった人が多いだろうし、<u>国旗掲揚や国歌斉唱の拒否</u>については、聞いたことがあるだろう。

👁: 確かに、「日本はいい国だ」と学ぶような教育はなかったかも。でも、それがなぜ「ゆとり」につながるの？

> なかなかいい質問だ。彼らの言うところの詰め込み教育は、「権威者からの押しつけ」のように感じるわけだ。<u>教育を押しつけるのではなく、1人1人の子供の権利や価値観を尊重する教育を目指した</u>んだね。そう理解していいと思う。それが、ちょうどアメリカで流行り始めたデューイの提唱する子ども中心主義とドッキングして、ゆとり教育が推進された。

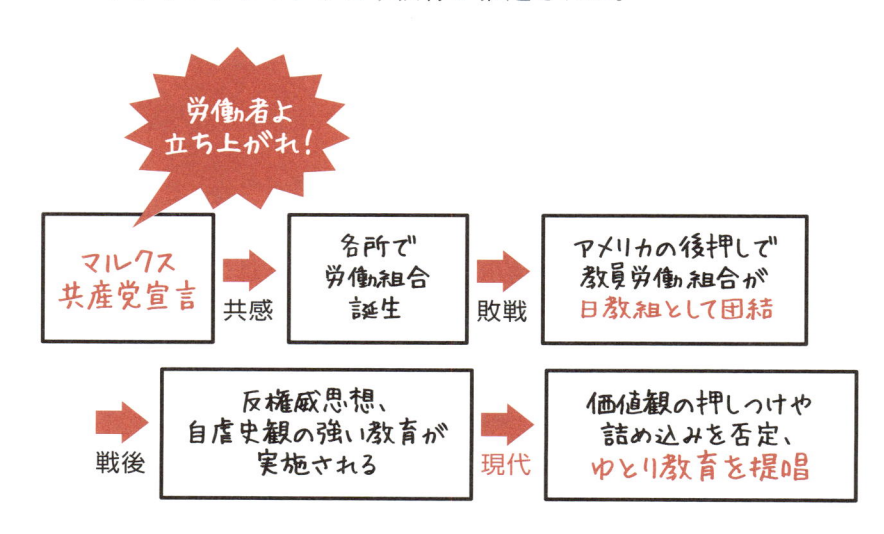

労働者よ立ち上がれ！

マルクス共産党宣言 →（共感）→ 各所で労働組合誕生 →（敗戦）→ アメリカの後押しで教員労働組合が**日教組として団結**

→（戦後）→ 反権威思想、自虐史観の強い教育が実施される →（現代）→ 価値観の押しつけや詰め込みを否定、**ゆとり教育を提唱**

👁：「子ども中心主義」って何？

　　　1920～30年代頃にアメリカの教育界で主流になった考え方だ。それまで権威への服従、時間厳守、規律・規則の遵守、静粛などを教育の基本としていたアメリカで、その反動として「子ども中心主義」が流行った。1919年にシカゴ大学のJ・デューイらが発足した進歩主義教育協会が打ち出した、新しい指導原理だ。

　　　その特徴は以下の3つ。

> ① 子供の本性を自由に発展させる
> ② すべての学習動機を子供自身の興味関心におく
> ③ 教師は援助者であって、決して監督者であってはならない

👁：うんうん、聞こえはいいね。

　　　しかし、その後、アメリカでは深刻な学力低下と学級崩壊を招き、世論の批判を浴びることになる。1955年に進歩主義教育協会は解散に追い込まれ、1957年のスプートニクショックによって、その批判はピークに達した。スプートニクショックとは、ソビエトがアメリカよりも先に人類初の人工衛星「スプートニク1号」の打ち上げに成功した出来事のことだ。

👁：あぁ、そのショックは授業で習った。

　　　当時のアメリカにとっては、かなりの衝撃だったようだね。その結果、1960年代にはアメリカ全州に、学問の基礎と筋道をしっかりと教え込む伝統主義的な教育へと回帰する気運が高まっていった。その後、しばらく社会主義的な学者たちの「教育の人間化論」がその流れをはばみはしたものの、レーガン大統領が教育改革宣言を行い、規律重視の伝統的教育に立ち返った。その後、1990年頃から、徐々にアメリカの教育が立ち直っていったんだ。

教育改革をはばむもの

👁: ぼくが中学生のときも、やっぱり学級崩壊していたと思う。授業中に歩き回ったり、ロッカーの上で横になって寝たりが普通だった。

そうだね。アメリカで失敗した子ども中心主義を、日本はいまだに引きずっている。教育界にマルクス思想信奉者たちが根強くいることが関係しているのだろう。

👁: でも、それってほとんどニュースで報道されていないよ。

マスコミにもマルクス思想信奉者は多いからね。あと、**学校が聖域化されて、部外者が立ち入れない世界になっている**点も大きな原因のひとつだろう。

👁: 聖域化ってどういうこと？

教育基本法の「教育は不当な支配に服することなく……」という文言を盾にして、公立学校は**都合の悪い批判や指示に対しては、教育への不当な介入として排除してきた**。つまり、外部の人が入り込めない閉鎖的空間をつくり上げているんだ。これがいじめ問題を加速させている原因にもなっている。

👁: 公立学校は閉ざされた世界なんだね。

そうだね。学校の組織体制は、おおまかに言うと、公立学校の上に市区町村教育委員会、その上に都道府県教育委員会、その上に文部科学省があるという形になっている。ある意味で利害関係をともにする身内同士のため、隠ぺい体質になりがちだし、お互いに守り合う傾向がある。

日教組による驚きの教育

●いじめ問題
◇被害児童・生徒を嘘つき呼ばわりし、いじめを隠ぺいしようとする。

●性教育
◇小学校1年生の児童に具体的な図を示しながら性器の名称を教え、性交を教え、ビデオで出産シーンを見せる。
◇小学生に裸のイラストで性行為を教える。
◇中学生にピルを勧め、コンドームの装着実習をする。

●ジェンダーフリー教育
◇修学旅行で男女同室に寝泊まりさせる。
◇体育の着替えを同室でさせ、授業中に男女が密着する体操を強要する。

※ジェンダーフリーとは、性役割の固定的な通念からの自由を目指す思想

●組合活動
◇授業を自習にし、教員は国会前で座り込むなど組合活動を行う。
◇日教組が組合員に極秘で違法ストライキ参加を命令する。

●権威否定
◇卒業式で子供たちに「私たち、僕たちは今日卒業証書を手にする」と一斉に言わせる。「いただきます」に改めるよう市議が指摘をしても、翌年も翌々年も「卒業証書を受け取る」「私たち、僕たちは今日卒業していく」など、執拗に「いただきます」という言葉を避ける。

●反日教育
◇卒業式で国歌を斉唱しないよう子供たちに強要する。
◇修学旅行でソウル市内にある独立運動記念公園で謝罪文を朗読させる。
◇おじいさんが戦争に行ったことがある子供に手を挙げさせ、「あなたのおじいさんの血は穢れていますね」と侮辱する。
◇文化に親しむという趣旨で朝鮮のすごろくをさせ、その後、「いかに朝鮮の文化が優れているか」「日本はどれだけこの優れた文化から学んだか」を話し、朝鮮文化の優位性を刷り込む。
◇「平和カレンダー」により、自虐的な歴史教育を行う。

※平和カレンダーとは約20年間にわたってある県の小中学校の各教室に貼られていたもので、平和学習の副教材として使用されていた

教育にも競争の原理を！

👁: 外部の人がチェックできるようにしないと、やっぱりどうしてもおかしくなると思うよ。

解決策としては、<u>第三者機関を設置するか、教育委員会に教育界にしがらみのない民間人を入れて、教育出身者の割合を減らす</u>という方法が考えられる。

👁: それがいいと思う。

さらに、これが本題だが、ゆとり教育から脱却し、公立学校のレベルアップ、人気向上を目指すための政策を打つ必要がある。

👁: **正直言って、学校は塾と違って活気がないんだよね。**

なぜ塾に活気があるかというと、塾はいい教育をしないとつぶれてしまうからだね。同業者同士で切磋琢磨し、創意工夫を常に怠らない。生徒の学力向上のための努力を惜しまないんだ。その反対に、公立学校の教師の場合、身分も安定しているし、クビになることもほとんどない。外部からのチェックも入らないので、健全な競争の原理が働かず、努力がうながされない。

👁: **サッカーをやってたんだけど、やっぱり「勝ち負け」とか「順位」とかが出るから、一生懸命努力するもんね。**

勝敗があるからこそ、他人との切磋琢磨が生まれ、努力を続けることができる。日教組は、平等主義なので、ひどい学校になると、運動会で手をつないでみんなでゴールテープを切らせている。"差を出すのは悪"なのだそうだ。

👁: えーっ!?　変な平等主義だね。

> 日教組は、「教師の実力主義」「成績の公開」「教員免許の更新制度」など、すべて大反対だ。しかし、<u>学力向上、公立学校のレベルアップのためには、この競争の原理を取り入れなくてはいけない</u>だろう。

👁: 具体的には、どんなことをすればいいんだろう。

> 具体的に取り入れるといいと思われるものをあげてみよう。これらによって教師の指導力の向上や、子供たちの学力がアップすれば、<u>学校と塾が互いに競い合い、よりレベルの高い教育が行われるようになる</u>だろう。

- 全国学力テストの徹底と成績の公表
- 教員評価の普及拡大
- 学校選択制の導入
- 教員免許がなくても実社会で活躍する優秀な人材を集める

👁: 塾や私立に完敗している学校が、競い合えるようになるわけだね。

> 一昔前までは、多くの人が公立学校から一流大学に合格していた。事実、幸福実現党の木村ともしげ党首（51歳）は、公立学校から京都大学に入学、そののちエール大学に留学までしている。早急にゆとり教育から脱却して公立学校のレベルを上げ、人気を復活させることが大事だ。

👁: 教育は未来をつくる大事な機能だもんね!!

> そのとおり。日本国民の学力アップが、そのまま経済繁栄にも、つながっていくんだ。

教育・問題③
「ゆとり教育で学力低下」

解決策

公立学校のレベルアップ

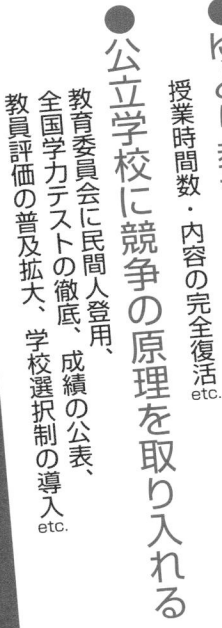

- ゆとり教育からの脱却
  授業時間数・内容の完全復活 etc.

- 公立学校に競争の原理を取り入れる
  教育委員会に民間人登用、全国学力テストの徹底、成績の公表、教員評価の普及拡大、学校選択制の導入 etc.

ペンたろうの誇大妄想 未来ビジョン ③

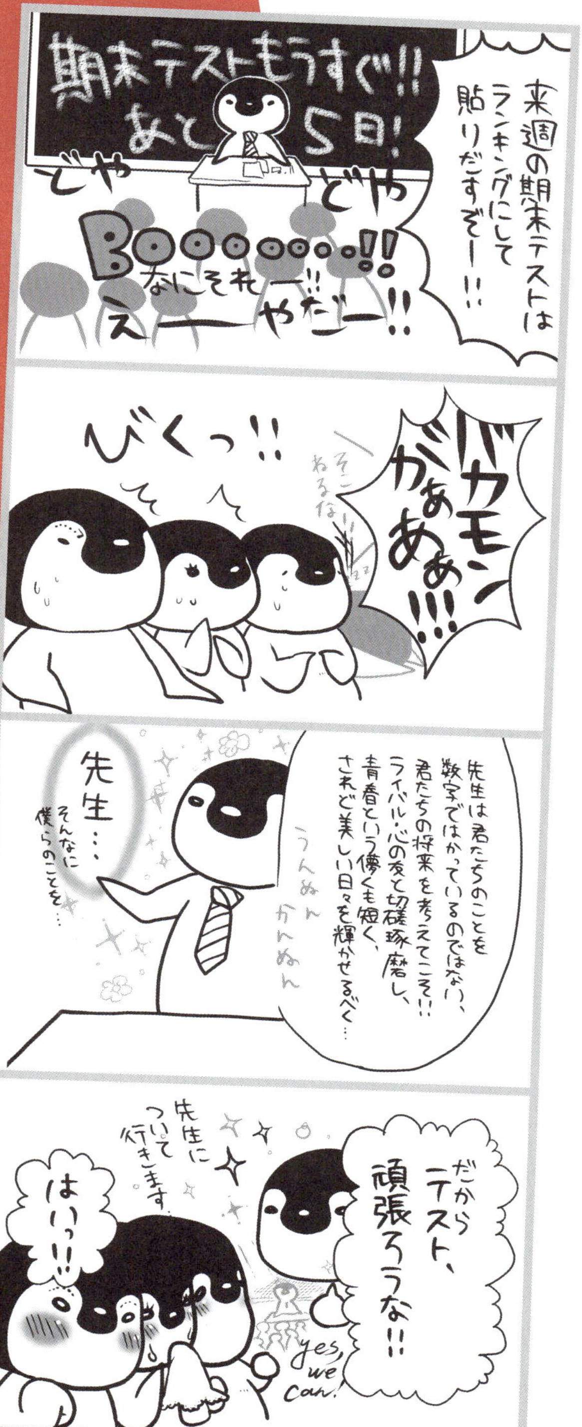

教育

問題④

犯罪並みのいじめが横行

いじめ経験のある人は、
半数以上いると推測されるとともに、
犯罪レベルのいじめ事例が
増加している。

12〜18歳における被いじめ経験者半数以上

■いじめ経験者の割合（2007年12月）

Q. あなたはこれまでに
いじめを経験・目撃
したことがありますか？

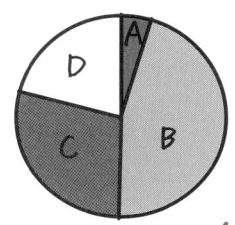

（単数回答）
- A 現在いじめにあっている　　　　　　　4.7％
- B 過去にいじめを経験したことがある　　45.7％
- C 身の回りでいじめを目撃したことがある 28.9％
- D いずれもない　　　　　　　　　　　　20.7％

〔MMD研究所〕

いじめの内容が変化

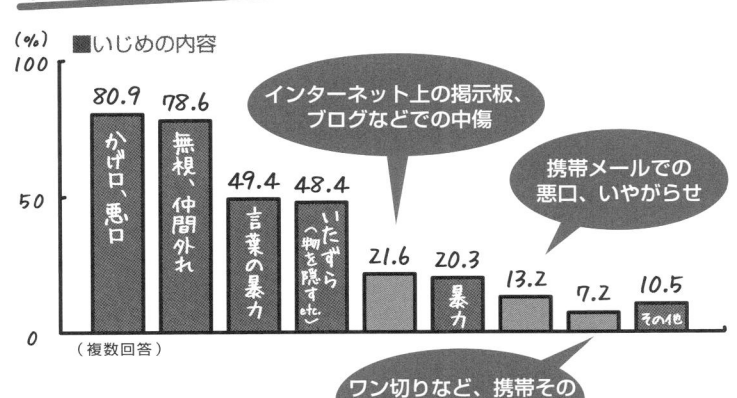

■いじめの内容

- かげ口、悪口　80.9
- 無視、仲間外れ　78.6
- 言葉の暴力　49.4
- いたずら（物を隠すetc）　48.4
- （インターネット上の掲示板、ブログなどでの中傷）21.6
- 暴力　20.3
- （携帯メールでの悪口、いやがらせ）13.2
- （ワン切りなど、携帯その他でのいやがらせ）7.2
- その他　10.5

（複数回答）

〔MMD研究所度〕

いじめの犯罪化と多様化

👁: **最近も、いじめ自殺のニュースが流れていた。**

「いじめられるほうも悪い」という意見を持っている人もいるかもしれないが、<u>昔とはいじめの内容が違ってきている</u>ようだ。

👁: **あんまり聞きたくないけど、具体的にはどんないじめがあるの？**

たとえば、下半身の写真がネット上で公開され、恐喝されていた子供が自殺をしたという事例、それから、みんなの前でズボンを下ろされ、強制的に射精させられて自殺を図ろうとしたところを発見された子供など。

👁: **それでは生きていけない……。**

犯罪レベルのいじめ事例は、あげればきりがない。大人が特に知っておかないといけないのは、<u>現代ならではのネットやメールを使った陰湿ないじめ</u>についてだろう。大人たちに知識がないと、子供たちを守ることができないからね。

👁: **確かに、親や先生に知識がないことをいいことに、やりたい放題かも。**

たとえばサブアドレスによるいじめ。多い子は30〜40個も持っているらしい。時間設定して、次々にメールを送ることができるそうだ。実際はひとりで送っていても、30通も40通も別のアドレスから送られると、送られるほうは複数の人から送られてきたように感じ、精神的に追い詰められていく。そのほかにも、学校裏サイトや、なりすましメールなど、様々なネットスキルを使ったいじめが横行しているようだ。

「ネットいじめ」ミニ知識

●サブアドレス
　普通の携帯アドレスとは別に取得した、もうひとつのアドレスのこと。無料で簡単に取得できる。このサブアドレスを使えば、普通のアドレスを知られることなく相手とやりとりすることが可能になる。

●プロフ
　プロフィールの略で、携帯サイト上の記入式ホームページのこと。名前や生年月日、メールアドレスなどの個人情報はもちろん、長所や短所など様々な項目があり、当人の顔写真も掲載されることが多い。中高生にとって、携帯端末の赤外線通信機能を使って、お互いに交換するのがあいさつのようになっている。閲覧者が書き込むこともでき、匿名で中傷するケースも多い。

●出会い系サイト
　男女間の出会いや趣味趣向を同じくする人たちの出会いを目的とした、パソコンや携帯電話から利用できるインターネットの掲示板やチャット等のコミュニティーサイトのこと。サイト自体は違法ではないが、強制わいせつや脅迫、恐喝などにつながるケースもある。

●チェーンメール
　「このメールを何人かに転送してください」とメールの内容の転送を要請するメールのこと。特定の個人に対する悪口やいやがらせが回されることもある。不幸の手紙のように、文末に脅迫文が書かれていることが多い。

●学校裏サイト
　在校生や卒業生が、学校が管理する公式サイトとは別に、交流や情報交換を目的に立ち上げた非公式なサイトのこと。単なる情報交換に使われていれば問題はないが、誹謗中傷の書き込みがなされたり、ほかの生徒の画像を勝手に貼りつけたりするトラブルが多発している。

●なりすましメール
　特別なソフトを使い、差出人が本来のものとは違うように詐称しているメールのこと。たとえば、本当の差出人はNTTドコモの携帯電話からではないのに、メールアドレスを「xxx@docomo.ne.jp」とできる。2人のアドレスを知っていれば、片方のアドレスを使ってもう一方にメールを送ることができ、2人の仲を簡単に裂くことができる。

善悪の価値観の喪失

👁：ネットの知識がないにしても、たとえば小学生であれば「いじめは悪いことだ」としっかり教えれば防げるんじゃないかなぁ。

> 前にも言ったとおり、戦後、日本はアメリカによって公立学校から宗教を排除されたため、<u>教えるべき倫理観や道徳が欠落</u>している。これがいじめを防げない原因のひとつになっていると考えられる。一応道徳という授業はあるが、話し合いや多数決などによる価値相対的な授業を行っている教師が多い。

👁：ぼくが小学生のときは、道徳の時間は遊ぶ時間だったよ。隣のクラスは、確かによく話し合いをしていた気がする。

> まぁ、それが現状だろう。日教組は、上から押しつける教育を嫌うからね。簡単に言うと、「これもいいけど、あれもいいね。考え方はそれぞれだから尊重し合おう」という感じだ（価値相対主義）。だから話し合いによる解決が大好きなんだね。

👁：それでは、いじめがなくならないよ。話し合いなんかさせられたら、先生に相談ができなくなる。

> そういうことだ。いじめが発覚しても、たとえば<u>お互いに話し合いをさせ、握手をさせて解決とする</u>。そうすると、陰でさらにいじめがエスカレートするだけだね。その結果、いじめられている子供が「先生は解決してくれない」「先生は守ってくれない」と感じて、誰にも相談しなくなる。もしくは、被害者のほうが転校しなくてはならなくなる。最悪のパターンは、自殺だね。現在、公立学校から<u>善悪や正義を分ける機能が失われている</u>と言っていいのかもしれない。

もはや犯罪！ いじめの実態

●本当にあったいじめ事例

自殺につながったケース
・プロフに「キモイ」などの悪口を書き込まれる
・机の上に花や線香などを並べて「葬式ごっこ」を行う（教師も参加）
・たびたび暴行を加え、お金を要求する

自殺未遂ほか
・強制的に射精させる
・女子を裸にして土下座させる
・トイレで隠し撮りをして、その画像をチェーンメールで流す

●学校の対応
・いじめはなかったとして、被害者に騒いだことを謝らせる
・いじめの事実を認めて警察に行くと言う加害者を校長が止める
・自殺者が出ても、加害者を特定せず、学校関係者の処分もゼロ

●警察の対応
相手が学校・児童とあって、いわゆる犯罪調査のような厳しい取り調べをするわけにもいかず、証拠も出ないことが多い。

●地域やPTAの反応
公立学校の場合、加害者と被害者が同じ地域に住んでいる場合が多く、あまり騒ぐとその町で暮らしづらくなる。また、PTA役員のなかにいじめに加わった児童の保護者が複数いたケースでは、逆に「（いじめの）犯人とされている人たちに謝ってほしい」と言われたという事例もある。

●結果
誰も守ってくれず、被害者側の"狂言"ということになってしまうことが多く、最悪の場合自殺に到る。

規律によって正義を取り戻す

👁: 善悪は教えないとわからないよ。

　　そうだね。**善悪を教えることは押しつけでも何でもなく、健全に育てるための教育そのもの**だ。たとえば世界共通の宗教的倫理観である「友だちとは仲よくしよう」「いじめはいけない」「人の役に立とう」などを用いた**善悪を教えるカリキュラム**をつくる必要があるだろう。

👁:「これはやっていい、これはいけない」という基準を子供たちに与えるわけだね。

　　まずは、みんなが心地よく過ごすために必要な判断のモノサシを示すことが大事だ。そして、もう一方で、何か事件が起こったときのために、**規律を正すシステムづくり**が必要だろう。

👁: どうやって規律を正すの？

　　たとえば、いじめ防止法を制定したらいいだろう。**教員がいじめ行為に加担、黙認、参加した場合は厳罰に処す、いじめ加害者にはいじめの悪質さに応じて、出席停止などの罰則を与える**など、社会と同じように、被害者がしっかりと守られ、加害者が罰される形にしなければいけないということだ。

👁: 処罰!?　そこまでするの？

　　いじめが犯罪化している今、このままだと公立学校の教育現場から正義が消えてしまう。それは子供たちの将来にとってもよくないことだからね。

👁: 確かに……。

それから、もうひとつ、いじめの原因となっているのが、<u>教育界の隠ぺい体質</u>だ。文部科学省にとっても、教育委員会にとっても、教員にとっても、「いじめがなかったことにするのがいちばん都合がいい」ため、いじめられた子が泣き寝入りさせられるケースが多い。これを解決するためには、前にも述べたとおり<u>外部からのチェック機能を強化する必要がある</u>だろう。

👁: 教育委員会に教員以外の人を入れる、もしくは第三者機関をつくる、という話だね。

そのとおり。民間人の常識を適用するシステムづくりをすることが大事だ。

■いじめが増加する２つの原因

> いじめがなかったことにすればすべてうまくいく
>
> ①いじめの事実を隠ぺい
> 文部科学省・教育委員会・学校が身内同士でかばい合う
> ↑
> 外部からのチェック機能を強化

> 特定の価値観を押しつけるべきではない
>
> ②善悪・正義・規律の不在
> 日教組による価値相対主義教育
> ↑
> 宗教的倫理観・善悪を教える

様々な道を用意する

👁:いじめの被害にあって、傷ついて学校に来れなくなった子供たちへの対応はどうするの？

　　　たとえば、コミュニティースクール（公設民営校）を導入、いじめや不登校、非行などに対応し、単位を取得できる学校をつくるという方法が考えられる。またはいじめに限らず、学校生活自体になじめない子供も一定の割合いるので、民間の塾に通えば、小中学校の卒業資格が取れるようにするシステムにしてしまえば、そうした子供たちがずいぶん救われるね。

👁:エジソンとかも学校になじめなかったんだよね。

　　　天才肌の子供や、ADHD（注意欠陥・多動性障害）と言われるタイプの子供は、集団生活が苦手な場合があるんだ。しかし、そうした子供たちの将来をつぶさないように、いろいろな道を用意してあげる必要があるだろう。

👁:天才といえば、アメリカとかだと小学生くらいの子が大学に行っていたりするね。

　　　日本でも飛び級制度が一部取り入れられているが、もう少し積極的に取り組むといいだろう。やはり、できる子にはそれなりの学びの場を提供してあげることが、その子にとっても、国の未来にとっても、いいことだと思うよ。日本でも、もっと天才を輩出する気風をつくっていくべきだろうね。最後は少し話題がずれてしまったが、教育の問題についてはだいたい論じられたのではないかな。

宗教教育について考える

日本では、宗教教育は、以下の3つに区分されて議論される。

> ① **宗教知識教育**　：宗教に関する客観的知識を教える教育
> ② **宗教的情操教育**：（あらゆる宗教に共通とされる）普遍的な宗教的情操を養う教育
> ③ **宗派教育**　　　：特定の宗教・宗派に基づく宣教色の強い教育

このうち①は公立学校でも実施可能だが、③は公立学校では不可能であるというのが一般的な理解。よく争点となるのは②であり、それがどんな内容であるか、そしてそれを公立学校で行うことが可能かどうかについては識者の見解が分かれている。

しかし、以下の理由から、②も当然可能であると考えられる。

- **憲法改正の帝国議会「宗教的情操教育に関する決議」**(1946.8.15)
  ➡「宗教的情操の陶冶を尊重」と謳われている
  ※憲法第20条3項「国及びその機関は、宗教教育その他いかなる宗教的活動もしてはならない」という文言が誤解されないためにあえて決議を残した
- **教育基本法**
  ➡公立学校で禁じられるのは③の宗派教育だけであるということを明確にしている。
- **1947年度版「学習指導要領 国語科編」**
  ➡「宗教的情操を豊かにする」と記載されている。
- **1947年度版「学習指導要領 社会科編」**
  ➡宗教に好意的で、広い意味の宗教教育に熱心な内容。

グローバル化が進み、様々な価値観や文化を持った人々の往来が活発になっている現在、宗教に関する理解を高めて多文化への寛容の精神を身につけるためにも、知識教育に当たるものは積極的に推進していくべきだろう。

宗教の内容に関する部分についても、仏教・キリスト教・イスラム教などの世界宗教と呼べるもので共通に説かれており、その結果、広く人類に共有されているような信念は、積極的に教えられて当然だ。具体的には、神仏の存在、信仰心の大切さ、善悪の存在、愛や慈悲の大切さ、反省や懺悔の価値などがそれに当たる。

その他、各宗教に共通とは言えなくとも、普遍的価値を持つ自助努力（セルフヘルプ）の精神、智慧の重視、発展の思想などは取り入れることが望ましいだろう。

教育・問題④
「犯罪並みのいじめが横行」

解決策

教育現場に正義を取り戻す

- 宗教的倫理観・善悪を教える
  世界共通の普遍的倫理観を教えるカリキュラムづくり etc.
- 外部チェック機能の強化
  教育委員会に民間人を入れる、第三者機関をつくる etc.

ペンたろうの~~誇大妄想~~未来ビジョン④

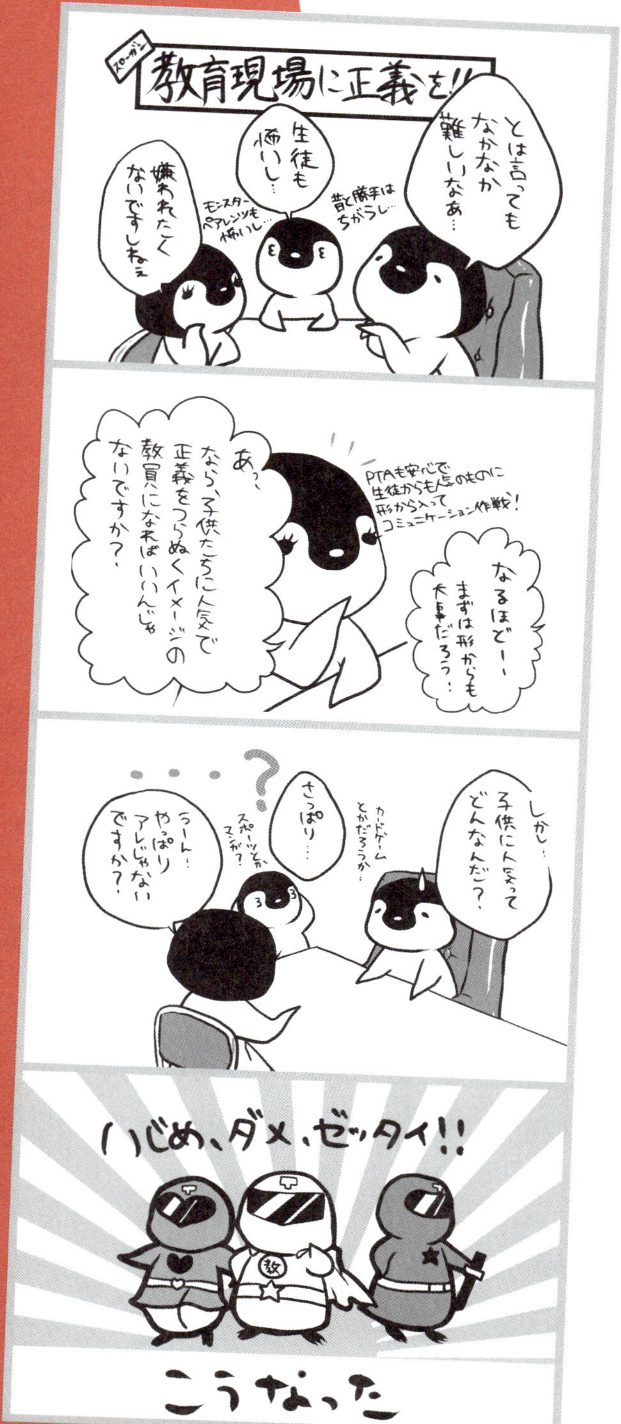

外交＆国防

問題⑤

周辺国がスゴイ勢いで軍備拡張

中国の急激な軍拡路線や、
北朝鮮の核ミサイル開発などにより、
アジアが不安定な状態におかれている。

中国軍事予算22年間で約25倍

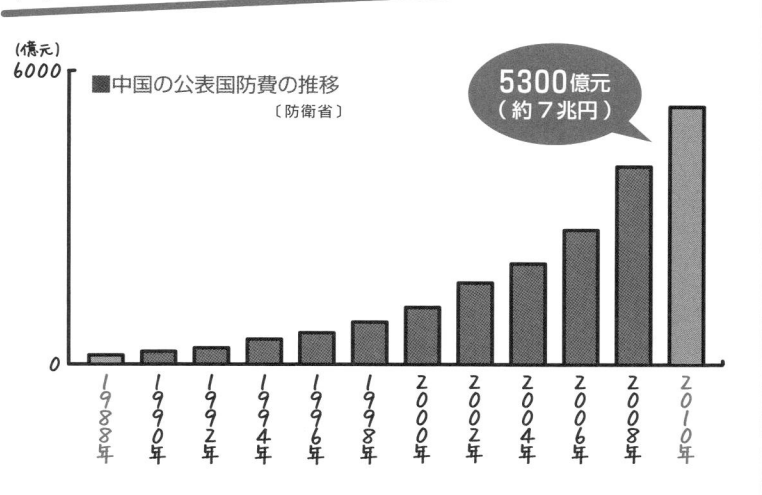

中国の公表国防費の推移
〔防衛省〕

(億元) 縦軸: 0〜6000

2010年: 5300億元（約7兆円）

横軸: 1988年, 1990年, 1992年, 1994年, 1996年, 1998年, 2000年, 2002年, 2004年, 2006年, 2008年, 2010年

しかも、水爆を載せたミサイルなどを日本の主要都市すべてに向けている……

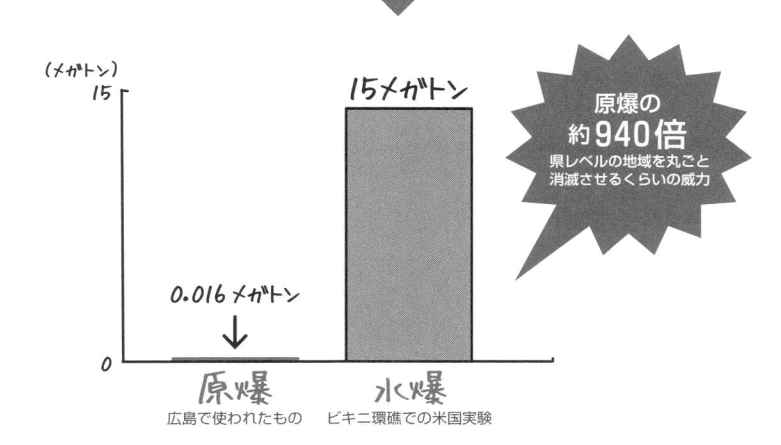

↓

(メガトン) 縦軸: 0〜15

- 原爆: 0.016メガトン（広島で使われたもの）
- 水爆: 15メガトン（ビキニ環礁での米国実験）

原爆の約940倍
県レベルの地域を丸ごと消滅させるくらいの威力

〔広島市核兵器攻撃被害想定専門部会報告書〕

中国のすさまじい軍拡路線

👁:22年間で軍事予算が約25倍って、すごい数字だね。

> 中国は一党独裁で情報統制が激しいので、実際の軍事費は、発表されている2～3倍の15兆円前後とも言われているんだ（米国防総省）。すでに中国はアメリカに次ぐ世界2位、日本の3倍でアジア最大の軍事大国になっている。

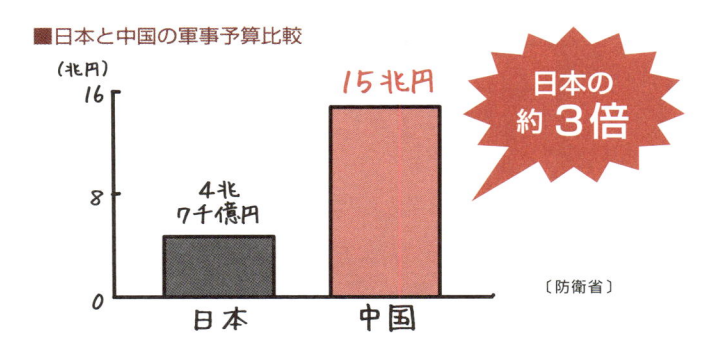

■日本と中国の軍事予算比較

（グラフ：日本 4兆7千億円／中国 15兆円　日本の約3倍）〔防衛省〕

👁:最近、軍事パレードがあったんでしょ？

> 2009年10月1日、国家管理の厳戒態勢のなか、中国共産党建国60周年の軍事パレードが行われた。どれくらいの厳戒態勢かというと、北京市の天安門を中心に半径2～5キロメートル四方に、立ち入り禁止地帯が設定され、自動小銃や催涙ガンで武装した数十万の人民解放軍や武装警察らが厳重な警備態勢を固め、事前に中国共産党が選別した20万人の参加者や来賓客以外、一切市内には出入りできないというものだ。この異常なまでの警戒から、中国13億人の人民に対して、自らの権力の正当性が揺らぐことへの極度の恐れを感じる。

👁：な、なぜそこまで……。

> 民主主義国家とは違い、中国共産党はその国家建設の過程において、選挙によって国民の信任を受けているわけではないため、常に自らの正当性を示しておかないといけない宿命にあるんだ。中国が手段を選ばず経済発展と軍事拡大に邁進する大きな理由も、ここにある。

👁：実際に攻め込む気はあるのかな。

> もちろんだよ。日本のマスコミではあまり報道されないが、中国の数々の行為から、東シナ海や南シナ海の海域を自らのコントロール下におくという強い意志がうかがえる。たとえば、南シナ海に接する海南島に原子力潜水艦の基地を建設、さらに空母保有計画を表明し、将来的に海南島などに配備する予定のようだ。また、南シナ海を通行していた米軍調査船を中国艦艇が妨害するなどしている。一方、東シナ海では、日本の尖閣諸島の領有権を一生懸命に主張し、領土獲得を狙っている。地下に資源がある可能性が高いこともあり、ほしくてたまらないようだ。尖閣諸島を獲得したら、次は沖縄の獲得に動くだろう。台湾に対しても、独立を認めず、中国に取り込もうとしている。

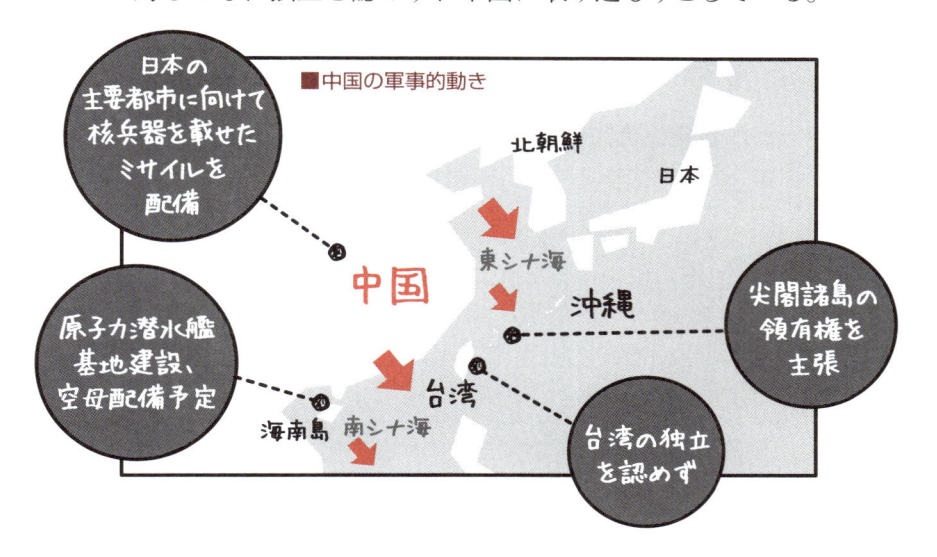

■中国の軍事的動き

- 日本の主要都市に向けて核兵器を載せたミサイルを配備
- 原子力潜水艦基地建設、空母配備予定
- 尖閣諸島の領有権を主張
- 台湾の独立を認めず

あなどれない周辺国の脅威

👁: 中国ってそんなに怖い国なの!?

　2007年5月に中国を訪れたアメリカのキーティング海軍大将が、中国海軍の高官から「太平洋を分割し、米国がハワイ以東を、中国が同以西の海域を管理してはどうか、と提案された」と上院軍事委員会公聴会で証言している。つまり、アメリカと中国で太平洋を半分ずつ分けましょう、という提案だ。覇権（武力等によって得た権力のこと）という概念を国際外交の場で初めて用いたのは中国と言われているし、昔から中華思想といって、中国は世界の中心であるという考え方があるんだ。

中国が提案した未来

独裁体制の中国では
個人の意見は存在しない。
国のトップから出た大真面目な
提案であると考えられる。

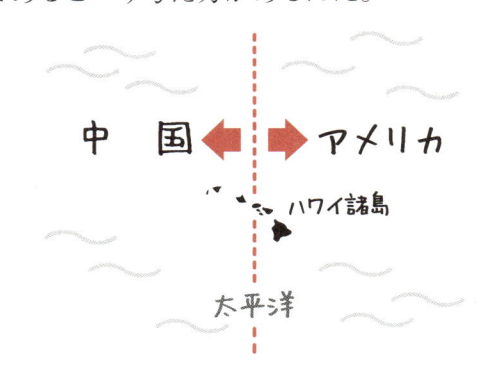

　　　中　国　⬅ ➡　アメリカ
　　　　　　　　ハワイ諸島
　　　　　　　　太平洋

👁: ネットとかの情報統制もすごいんでしょ？

　グーグルがネット検閲に反旗を翻して中国から撤退するというニュースで、若者にも情報統制の現実が広く知られるようになったようだ。インターネットは、ネット警察によって厳しい検閲がかけられており、天安門事件（民主化を求めてデモ活動をしていた学生を中心とする一般市民が政府によって多数虐殺された事件）をはじめ、共産主義体制を維持するのに不都合な言葉やメッセージなどに関して、アクセスできないように情報統制されている。

👁: 不自由な感じだね。

> なんでもネットで情報が得られると思っている日本の若者には耐えられないだろう。台湾も自由主義体制のため、中国の支配下に入りたくないんだ。しかし、米国防省によると、台湾を狙う中国の短距離ミサイルは、2005年末に790発、2008年9月には1150発に増加。専門家によると、現在は約1400発に達したとの見方もある。そこで、オバマ米政権は、中国と台湾の軍事バランスを保つために中国の反発を承知の上で台湾への武器売却方針を決めた。73ページの図に示したとおり、日本の主要都市にもミサイルがその照準を合わせている。日本に向けられているミサイルは合計で数百発程度はあるようだ。

■台湾に照準を合わせている中国の短距離ミサイル

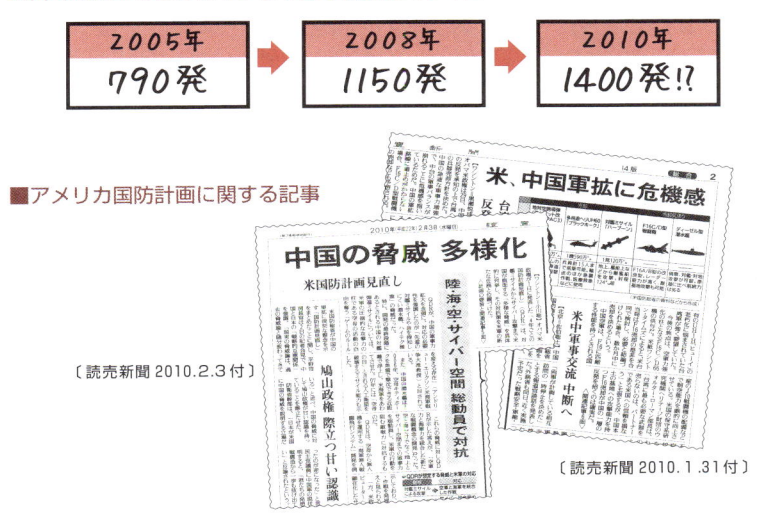

2005年	→	2008年	→	2010年
790発		1150発		1400発!?

■アメリカ国防計画に関する記事

〔読売新聞 2010.2.3付〕

〔読売新聞 2010.1.31付〕

👁: 北朝鮮も核実験を実施してたし、周辺国は脅威に満ちているわけか。

> そうだね。北朝鮮もすでに核開発に成功しているという見方もあるので、注意が必要だ。たくさんの日本人を拉致している独裁国家だから、甘く見てはいけない。日本はかなり平和ボケしているが、現在アジアは非常に不安定な状態にあるんだ。

日米安保まで危機に!?

👁: でも、平和主義を貫いてきた日本で戦争が起きる可能性なんて、本当にあるのかな。正直ピンとこない。

犯罪者がいなくならないのと同じ原理で、<u>戦争を企てる国は常に存在する</u>。特に日本は、地理的に隣国から狙われやすい位置にあるんだよ。実際、1952年に島根県の竹島があっという間に韓国に占拠されたし、現在でいえば中国が尖閣諸島の領有権を主張している。

👁: そうはいっても、大きな戦争はこれまで起きなかったよ。

<mark>日米安保</mark>によって、<u>沖縄に米軍がいてくれることが大きい</u>だろう。警察署や交番付近では犯罪がほとんど起こらないことを知っているかな？ それと同じように、軍基地があるところには、近隣国もなかなか手出しができない。だからこそ、沖縄のような<u>防衛上大事な地域には基地が多い</u>んだ。

👁: ふーん。最近、普天間基地の移設問題で騒いでいるけど、あれは大丈夫なのかな。

大丈夫じゃないよ。十数年かけて検討と調整がなされ、唯一実現可能な案として合意に至った問題を、日本側が突然「ゼロベースの議論」にしてしまった。アメリカには約束を破ったと映っているし、普天間基地が結果的になんとか解決したとしても、これらのやりとりによって今後の<u>日米同盟に亀裂が入る可能性がある</u>。今年2010年は、日米安保50周年の記念すべき年でもあるのに、ずいぶんひどい対応だ。

👁: 普天間基地にいる海兵隊って、どんな人たちなの？　確か映画『アバター』の主人公が元海兵隊っていう設定だったよ。

> 海兵隊は、陸・海・空すべてを備えた上陸作戦を敢行できる最強の部隊。特にアメリカ海兵隊は世界最強と言われており、日本では唯一、防衛上重要な地域である沖縄普天間に駐在している。**海兵隊の存在は国防上非常に大きな意味を持っている**んだ。

👁: だけど、アメリカの軍人は、よく事件を起こすイメージがある。

> 日本が恩恵を受けている面についてはあまり報道されていないから、それをもって「アメリカ軍は出て行ってください」という話になると少し極端だ。**アメリカ軍が来てくれたことによって、商売ニーズができ、沖縄の経済が相当に潤った**面もあるんだよ。

👁: そうなんだ。

> また、そもそも故郷でもない国を近隣の脅威から守るために、はるばる日本に来てくれている人たちだ。日本人には「アメリカ軍の犠牲になっている」という感覚を持っている人がいるけれど、アメリカ軍はいざとなったら血を流して戦ってくれる存在。**同盟というのは普通お互いに守り合う約束をするものだが、日本は軍隊を持てないため、アメリカが一方的に守ってくれるという形**になっている。もう少し感謝してもいいと思うよ。

👁: 今の政権は、あまりアメリカが好きじゃないのかな。

> 基本的に**アメリカ軽視、中国重視の外交**を行っている。アメリカ軍援助活動に位置づけられる**インド洋給油活動の打ち切りや、600人を超える大型代表団による訪中**など。アメリカは業を煮やしているだろう。

民主主義国家としっかり手を結ぶ

👁：現在、日本は、アメリカとの関係が悪くなってきていて、国防上あまりよくない状況にあるということだね。

　以下が、現在の日本が抱える国防上の不安要素だ。

■国防の危機を招きかねない問題

> ①日本の日米同盟軽視路線（中国重視）
> ②アメリカの軍縮路線
> ③中国による東風31Aミサイル開発成功

　①は説明したからいいとして、②はアメリカでは経済の低迷によって軍事予算が削られたため、必要最小限の軍隊を残して、アメリカ兵が全世界から撤退する動きのことだ。日本からもかなりの数、撤退していく可能性がある。③は中国がアメリカに届くミサイルの開発に成功したという問題だ。このことによって、アメリカが助けてくれる保証がなくなった面があるんだ。基本的には、自国の危険をおかしてまで他国を守ることはしないからね。

👁：じゃあ、どうすればいいの？

　まず、仲よくできる国とはできる限り手を結んでおくことが大事だ。<u>日米同盟を堅持しつつ、インド、ロシアなどとの関係を強化する</u>。インドとは、2008年、日印安全保障協力共同宣言を発表した。ロシアも、日本製のデジタル機器や自動車が人気で、実は日本に対する悪感情がほとんどないので、北方領土問題をいったん保留にしておいてでも、日露協商を結ぶという選択をする必要があるかもしれないね。そうすれば、一応中国を囲み込むことができる。

空母とシーレーン

　日本はエネルギー資源や食糧の90％を外国に依存しており、その供給のほとんどを海上輸送に頼っている。通商国家である日本にとって、物資を運ぶシーレーン（海上交通路）の確保が極めて重要。そして、そのシーレーンは、台湾とフィリピンの間のバシー海峡を通るルートである。

　台湾が中国に押さえられてシーレーンをふさがれると、日本には石油や食糧が入らない事態に陥ってしまう。これは、日本が中国の属国的な地位におかれかねない由々しき問題。このままだと、中国の空母艦隊が完成した頃に、危機が現実化する可能性がある。

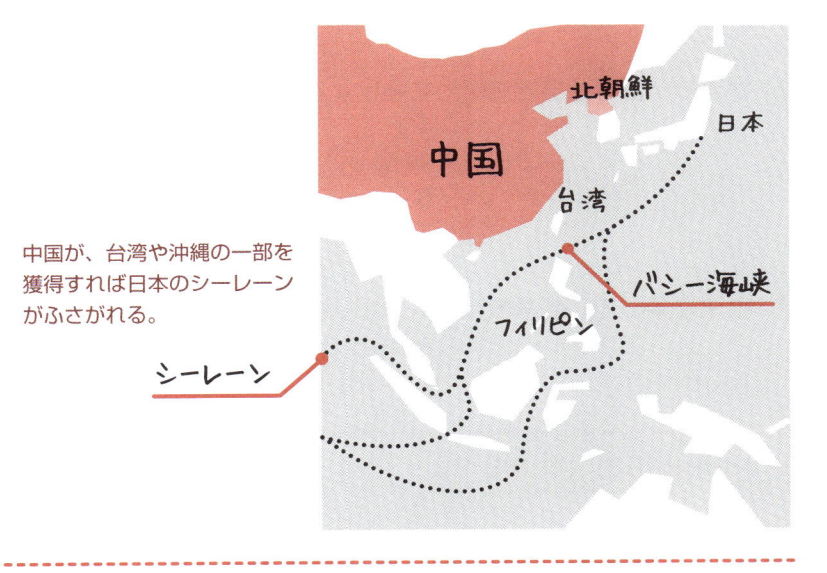

中国が、台湾や沖縄の一部を獲得すれば日本のシーレーンがふさがれる。

●**空母とは** → 航空母艦の略

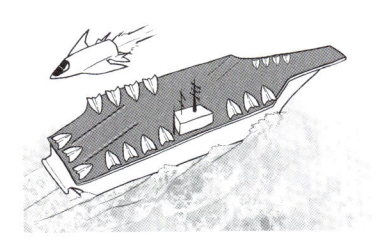

　海上を自由自在に動き回ることのできる軍用飛行場である。あらゆる戦場での作戦を可能とするため、海上の究極兵器とも言われる。

　飛行機が誕生してからは、空からの攻撃が圧倒的に有利となったため、船を飛行機の運び役にして、攻撃を飛行機に任せようという考えから、つくられるようになった。

憲法9条の改正について

😊: 仲よしメンバーを増やすことで、いじめっ子から身を守るという感じだね。

> それだけでも結構な抑止力にはなるだろう。しかし、いざいじめを受けたとき、本当にその仲よしメンバーが一緒になって戦ってくれるとは限らない。やはり、できるだけ自分の身は自分で守れるようにしておかなくてはならないんだ。

😊: つまり、日本独自で防衛力を強化するということ？

> 戦後のタブーであった憲法9条を改正して、自国の守りを固めるべきときが来ているのだよ。

😊: 憲法9条って、戦争放棄のやつだよね。

> そのとおり。知らない人も多いだろうから、一応以下に記しておこう。

日本国憲法第9条

① 日本国民は、正義と秩序を基調とする国際平和を誠実に希求し、国権の発動たる戦争と、武力による威嚇又は武力の行使は、国際紛争を解決する手段としては、永久にこれを放棄する。

② 前項の目的を達するため、陸海空軍その他の戦力は、これを保持しない。国の交戦権は、これを認めない。

👁: なんかややこしい日本語だなぁ。

もとが英語だからね。

👁: え!?　日本人がつくったんじゃないの?

教育の項でも少し触れたが、日本に明治憲法の改正を示唆したのはアメリカ人のマッカーサー(GHQ総司令官)という人だ。彼は日本側がつくった憲法草案が気に入らなかったので、<u>憲法についてはまったくの素人であるスタッフにわずか1週間で草案をつくらせて日本に押しつける形をとった</u>。その草案になった「マッカーサー・ノート」というメモが残っている。

<u>マッカーサー・ノート</u>　※憲法9条に関する箇所を抜粋

二、国家主権の発動として戦争は、廃止される。日本は、紛争解決の手段としての戦争のみならず、自国の安全を維持する手段としての戦争をも放棄する。日本は、その防衛と保全とを、今や世界を動かしつつある崇高な理想に委ねる。日本が陸海空軍を維持する機能は、将来ともに許可されることがなく、日本軍に交戦権が与えられることもない。

日本側は、「この戦争放棄条項は憲法本文ではなく、法的拘束力を持たないとされる前文の中で、ひとつの原則として示すべきだ」と主張したけど、認められなかったんだ。それでこのマッカーサー・ノートの一部が9条に、一部が前文に入ることになった。日本では、9条を「世界に誇る理想的な平和条項」と解釈している人がまだまだ多いが、言ってみれば<u>アメリカによる"刀狩り"だった</u>ということだね。そんな成り立ちの憲法を日本人が一生懸命守っている姿を見ると、アメリカ人でさえも「なんでずっと改正しないんだろう」と不思議に思うようだよ。

独立国家としての姿勢を示そう

👁: 学校の授業でも、「これは日本の誇りだ」という感じで習ったよ。

　　確かに、現在の憲法にはいいところもある。基本的人権の尊重などの原則は、今後も維持しないといけない。ただ、やはり「絶対平和主義」という考え方は、理想としてはありうるんだが、実際には100％戦争が起きない保証はない。

👁: 戦争は起きないほうが絶対にいいけど、攻め込まれたときにどうするのかを決めておかないといけないということだね。

　　そのとおり。中国共産党政権の最大の関心は政権基盤の安定。国内分裂を防ぐためには「失われた領土回復」を旗印に、軍拡を続ける見込みが高い。もちろん、日本では侵略的な軍隊をつくる必要はないよ。でも、少なくとも十分に防衛ができる体制は整えておくべきだろう。

👁: 憲法の改正がスムーズにいくといいんだけど……。

　　確かに、近隣国は大反対するだろうし、場合によっては、アメリカも反対してくるかもしれない。実はアメリカも日本の技術力を恐れているからね。しかし、憲法は自国の基本法だ。その改正に周辺の外国が口を出すことは内政干渉に当たる。周囲の目を気にするばかりではなく、独立国として毅然たる態度をとるべきだ。

👁: 自衛隊は軍隊じゃないの？

　　一応、軍隊ではないことになっている。しかしながら、「セル

フ・ディフェンス・フォース」がフォースではないという論理は「白馬は馬にあらず」と言っているのと同じ。もちろん外国からは軍隊と認識されている。しかし、憲法には自衛隊の存在は書かれていない。だから、自衛隊がイラク派遣やインド洋給油活動をし始めると、「憲法に違反するかしないか」という議論になる。素直に自衛隊を肯定し、国民がしっかりと管理していく体制に変えないといけない時期にきているのではないかと思うよ。

自衛隊の「できること」「できないこと」

●自衛隊にできるのは警察行為のみ

「警察官職務執行法」にもとづき、①正当防衛、②緊急避難、③相手が禁固3年以上の罪を犯している場合を除いて武器を使用することができない。また、武器は「比例原則」により、相手と同程度の武器しか使用できない。

●ソマリア沖海賊退治の場合

2008年中頃からソマリアを根拠地とする海賊による被害が急増、各国政府は現地に海軍艦船を派遣し船舶の護衛を開始した。日本の船舶もこの海域を通航していたため、いつまでも護衛を外国任せにはできない状況だった。しかし、警察官職務執行法にもとづいて考えたときに「海賊の船はロケットランチャーなどで武装しているのが常だから、武器の比例原則でこちらも同程度の武器で反撃した場合、向こうの船が爆発したり、沈没することは十分に考えられる。これは本当に憲法の禁止する武力行使に当たらないのか?」「日本には軍法裁判所がない。その自衛官が刑事罰に問われることはないのか、という点も整理しないと……」「今の状態では攻撃や危険に対してとっさの判断ができず、こちらに被害が出てしまう」などの議論に。そこで海賊行為の定義、対処に関する根拠、海賊行為への罰則などを法律によって定めて、やっと本格的な船舶の護衛に動き出す。この対処の遅さに、アメリカをはじめとする世界各国から非難が起こった。

●今のままでは国民の生命が守れない

このようなその場しのぎの対処では、他国から攻め込まれるなど、何か非常事態が起こったときに国民の生命が守れない。憲法を改正して自衛隊を軍隊と認め、国防権を憲法に明文化すべきだろう。

外交&国防・問題⑤
「周辺国がスゴイ勢いで軍備拡張」
解決策

毅然とした国家をつくる

- **民主主義国家との連携・同盟**
  日米同盟の強化、インド、ロシアとの連携 etc.
- **憲法改正により独自の防衛体制を築く**
  自衛隊を軍隊と認め、憲法に防衛権を明記する etc.

ペンたろうの誇大妄想 ⑤ 未来ビジョン

うちのパパはイエスマンである

YES!!
よろこんでー!
は、はい!!やらせて頂きます!

悪いことではないと思うけど…
なんかちょっとなぁ…
あーっ、あの時…!
たいへんだー!!
娘
なんにでも「はいはい」って言うのが全く正しいってわけでもないのよ
ママ

それはきっと国も同じでー…
日本人のいい所でもありだめな所でもあるねそれと母は言う
ウィンク☆

やっぱり長い目で見た時にNoと言える勇気や意見を言える勇気は必要なのだなぁと思った
あぁー!今になってあの時のアレが!!
お父さんなさけない…
あの仕事がー!!!
あたわた

最後のまとめ
日本の未来ビジョン

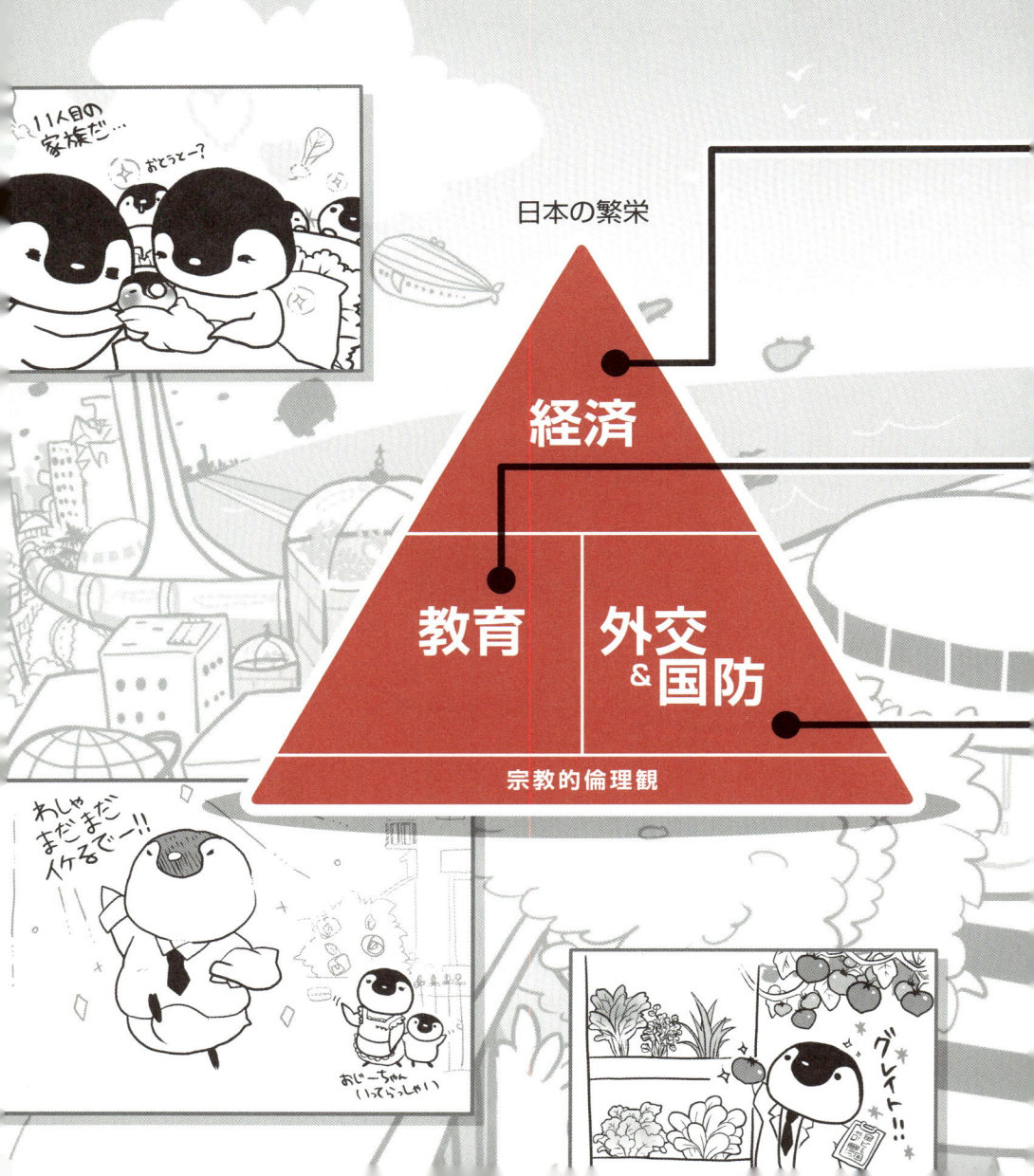

日本の繁栄

- 経済
- 教育
- 外交 & 国防

宗教的倫理観

経 済

問題①　仕事がない
➡ 基幹産業をつくる
- 可能性の高い産業へ積極投資
- 未来投資価値の高い公共事業を基幹産業に成長させる

問題②　働く人が減り続ける
➡ 人口を増やす 働き手を増やす
- 出生数を上げる
- 定年を延ばす
- 移民を受け入れる

教 育

問題③　ゆとり教育で学力低下
➡ 公立学校のレベルアップ
- ゆとり教育からの脱却
- 公立学校に競争の原理を取り入れる

問題④　犯罪並みのいじめが横行
➡ 教育現場に正義を取り戻す
- 宗教的倫理観・善悪を教える
- 外部チェック機能の強化

外交 & 国防

問題⑤　周辺国がスゴイ勢いで軍備拡張
➡ 毅然とした国家をつくる
- 民主主義国家との連携・同盟
- 憲法改正により独自の防衛体制を築く

おわりに

政治がよくわかってきたし、
　　参加したくなってきた！！
　　　by 若者代表 ペンたろう

「日教組なんて、習ってないです」
「GHQ？　DHCしか思い浮かびません」
「リベラル？　あ、それはわかります。あのサッカーとかバレーボールのリベロのことですよね。フットワーク軽い感じの政治家のことなんじゃないですか？」

　本書の製作中、数々の若者のおバカ発言に、おじさま方は大爆笑。それを見て、若者たちも、自分の無知を楽しんで一緒に大爆笑。

　……しかし、もちろん楽しんでいたばかりではない。

若者に政治をわかりやすく伝えなければ！！

　という、大変大きな問題意識、いや危機感、いやいや使命感を持った。
　若者は思った以上に、知らなかったのだ。偏向した歴史教育、社会主義寄りのマスコミ、そしてゆとり教育のなかを生きてきた彼らだから、しかたがないことなのかもしれない。だからこそ本書では、限られた時間のなかで、若者がわかるように最大限文章を工夫し、政治を語った。

　参議院選挙目前――。あなたは、本書を通じで政治に興味を持ち、政治に参加したいと思ってくれただろうか？　本書をきっかけに政治に参加する若者が増えることを心から願っている。

最後に「宗教的倫理観」について触れておきたい。

〝家族〟をとってみても一定の共通した倫理観がなければ、集団生活は成り立たない。単位が国になってもそれは同じことだ。いじめや犯罪を防いで理想に向かって努力する国民を増やし、国を健全な繁栄に導くためには、何らかの宗教的倫理観が必要である。これが戦後に失われてしまったことが、日本を骨抜きにした面は否めない。

宗教と聞くと、日本人はとっさに身構えるが、宗教で昔から解決すべき問題として扱われている「貧・病・争」は、政治の目的とも重なるものだ。
宗教と政治は、まったく別のものではなく「心・精神」「具体的実生活」というそれぞれ違った方向から人々を幸福にしようと努力しているプロセスである。
つまり、宗教と政治とは対立するものではなく、ともに協力し合い力を合わせて、この国を、そして世界をよくするために必要なものなのだ。

日本は今一度、宗教的倫理観を見直し、根づかせるべきときに来ているのではないだろうか。戦後のトラウマから抜け出し、本来の国としてのあり方、真の発展・繁栄を取り戻すべきである。

日本の未来は、きみたち若者がつくる。
『自助論』(サミュエル・スマイルズ 著)にあるように、「国家の政治は、その国の人民の一人ひとりのあり方を合算したものが、光として反映されたもの」なのだ。
まずは自分を磨き、高めることこそ、全体をよくしていく道である。
今一度、日本に自助の精神を取り戻し、日本の繁栄を成し遂げよう!

若者たちよ、立ち上がれ!!

2010年4月
幸福実現党
日本の未来について本気で考える★プロジェクト

世の中を知るための 政治・経済マストワード！

付録

特徴 平等、福祉・社会保障、私有財産否定、格差否定、護憲 etc.

共産主義
個人が持つ財産を完全に否定し、すべてを共有にして、貧富の差のない平等な世界を目指す考え方。公平より平等に重点をおき、格差を否定する。

社会主義
共産主義に至る前段階とも言われ、生産手段を共有にし、公平に分配することで平等な世界を実現しようとする考え方。公平より平等に重点をおき、格差を否定する。

ハト派
国際問題等において軍事的な解決を否定する考え方。現在の平和憲法は改正すべきではないと考える。

大きな政府
福祉や社会保障を重視し、政府が民間経済に積極的に介入する政府のあり方。政府の仕事や組織が増え、税負担が重くなることが多い。

革新
そのとき国がとっている政治体制を支持しない考え方。現在の日本では社会主義の傾向がある政党や政治家のことをさす。

リベラル
弱者擁護、福祉国家を目指す考え方で、ほとんど社会主義と同義。直訳すると自由主義のため、いわゆる競争や格差を肯定する自由主義と区別してリベラルと呼ばれる。現在の日本では保守と対比して使われることが多い。

全体主義	国民を犠牲にしても国の利益を優先する国家独裁的な政治。右翼思想の政治からも左翼思想の政治からも出てくる可能性がある。

政治ワード

よく耳にする政治ワードを、理解しやすいように、あえて2つの傾向に分けて解説をした。

これら政治家が持つ考え方の違いによって"何が正しいか"が変わるため、目指すべきビジョンや政策が変わってくる。

※全体主義・民主主義は並列には扱えないため、下に別途説明

特徴 公平、経済成長、私有財産肯定、格差肯定、改憲 etc.

◉自由主義
自由競争によって民間の創意工夫をうながし、発展を目指す考え方。平等より公平に重点があり、格差を肯定する。

◉タカ派
国際問題等において軍事的な解決を肯定する考え方。憲法9条改正派。

◉小さな政府
市場の自由競争を重視し、極力民間経済に介入しない政府のあり方。政府の仕事や組織はコンパクトになり、税は安くなることが多い。

◉保守
そのとき国がとっている政治体制（や社会のあり方、伝統）を支持する考え方。現在の日本では皇室や自由主義を支持する政党や政治家のことをさす。

◉上げ潮派
経済成長によってこそ税収入が増加し、財政も再建できるという考え方。

民主主義 ｜ 国民主権の政治。国民が選挙などを通して政治に参加し、多数決の原理でものごとを決定する。

付録 世の中を知るための 政治・経済マストワード！

●市場経済（自由主義経済）
企業や個人の努力や創意工夫によって切磋琢磨し、国民が主体的に繁栄を目指すシステム（自由主義）。

●お金
人々がモノを交換するための手段であり、交換するときの価値のモノサシ。経済システムにおける血液の役割を果たす。

●景気
お金がたっぷりとスピーディーに市場をめぐっている状態が景気がいい状態。お金が市場に出回らず、流れが滞っている状態が景気が悪い状態。

●GDP（国内総生産）
景気をはかる尺度。1年間に国内で生み出された付加価値の合計。付加価値とは、新たに生産されたモノやサービスを金額で表したもの。ただし、実際には推計で求められた数字。名目GDPと物価変動を考慮した実質GDPがあり、日本の名目GDPは約470兆円。

●株式制度
多くの人から出資金をつのり、その代わりに株式を渡して利益が出たら還元するシステム。証券取引所で株が売り買いされる。情報をコンピュータで整理して、売りたい人と買いたい人を結びつけ、取引を成立させる。

●インサイダー取引
内部の人しか知らない情報を手に入れて株の取引をすること。たとえば、株が確実に値上がりするという情報を得て、その情報が市場に広がる前に株を買い占めて莫大な利益を得るなどのことをさす。不公平なため、法律で禁止されている。

●投資ファンド
投資家からお金を集め、まとまったお金を使って投資する機関。もうかったお金は、一部ファンドがもらい、一部は投資家たちに還元する。

経済ワード

よく耳にする経済ワードを、理解しやすいように、あえて短く説明した。

経済とは、生産活動のシステムおよび生産活動そのもののことを指し、この経済ルールのなかで、個人や企業が切磋琢磨して日本の繁栄を築いている。

税金
税（租税）とは、国や地方公共団体などが、公共サービスを実施するための資源として、民間（住民や法人など）から徴収するもの。税を課す側の違いによって、国税と地方税に分かれる。また、本人が納税する税を直接税（所得税・法人税etc.）、本人ではなく事業主を通じて納税する税を間接税（消費税etc.）という。

ペイオフ
払い戻すという意味。お金を預けていた銀行がつぶれた場合、1千万円（とその利子）までは預金保険機構が代わりに払い戻してくれる。預金保険機構は、全国の銀行がお金を出し合い、政府や日本銀行も資金を提供してつくった保険。

円高
円高とは、たとえば1ドル＝100円が1ドル＝90円になること。100円出さないと1ドルに交換できなかったのが、90円で交換できるようになる。同じ1ドルを安い円で入手できるようになったのだから、円のほうが値打ちが上がったということ。海外旅行や輸入のときに得をする。

円安
円安とは、たとえば1ドル＝90円が1ドル＝100円になること。1ドルを90円で入手できたのが、100円に値上がりする。同じ1ドルを入手するのにたくさんの円が必要になったのだから、円のほうの値打ちが下がったということ。輸出のときは有利になる。

インフレーション
商品を買いたいという国民の欲求（需要）が、企業等により提供されている商品の量（供給）を上回ったときに、商品の値段がどんどん上がっていくという現象。

デフレーション
商品を買いたいという国民の欲求（需要）が、企業等により提供される商品の量（供給）を下回ったときに、商品の値段がどんどん下がっていくという現象。

●金融引き締め
金融政策によって金利を引き上げて、お金が市場に出回りにくくすること。

●金融緩和
金融政策によって金利を引き下げて、お金が市場に出回りやすくしたり、市場に出回るお金の量を増やしたりすること。

●ゼロ金利政策
金融緩和のひとつ。日本銀行が「インターバンク市場（銀行間で貸し借りする市場）」に資金を大量に供給して、金利をほぼゼロに近い状態にまで低くする政策のこと。銀行はただ同然で資金を調達できるため、企業への融資がしやすくなり、景気を刺激する効果が得られる。

●量的緩和
金融緩和のひとつ。日銀が、銀行が持っている国債などを買い取り、その銀行が日銀内に持っている預金口座（日銀当座預金）の残高を増やす（買いオペレーション）。預金口座のお金が増えることで、銀行は金利を下げて会社などに積極的にお金を貸そうとする。市場にお金が出回るようになり、景気がよくなる。※その逆は売りオペレーション。国債を売り、その銀行の口座のお金を減らす

●デフレギャップ
市場に提供（供給）される商品やサービスが、それを買い求める人々のニーズ（需要）を上回ったときの差額のこと。現在あるデフレギャップは30兆円とも40兆円とも言われる。お金の量を増やしても、この金額を上回るような需要の増加がない限り、理論上インフレーションにはならない。※この逆はインフレギャップ。需要が供給を上回ったときの差額のこと

●貸し渋り・貸し剥がし
貸し渋りとは、借り手に対して、銀行が融資の条件を厳しくするなどして融資に消極的になること。貸し剥がしとは、すでに融資している資金を積極的に回収すること。これらが引き金になる倒産を、貸し渋り倒産・貸し剥がし倒産といい、倒産の連鎖が起きることがある。

●主な参考文献●
『幸福実現党宣言——この国の未来をデザインする』
『政治の理想について——幸福実現党宣言②』
『政治に勇気を——幸福実現党宣言③』
『新・日本国憲法 試案——幸福実現党宣言④』
『夢のある国へ——幸福維新——幸福実現党宣言⑤』
『松下幸之助 日本を叱る——天上界からの緊急メッセージ』
『龍馬降臨——幸福実現党・応援団長 龍馬が語る「日本再生ビジョン」』
『一喝！吉田松陰の霊言——21世紀の志士たちへ』
（いずれも大川隆法著、幸福の科学出版刊）

政治のしくみ 超・入門

2010年4月22日 初版第1刷

編　者　幸福実現党　日本の未来を本気で考える★プロジェクト

発　行　幸福実現党
　　　　〒104-0061　東京都中央区銀座2-2-19
　　　　TEL (03) 3535-3777
　　　　http://www.hr-party.jp/

発　売　幸福の科学出版株式会社
　　　　〒142-0041　東京都品川区戸越1-6-7
　　　　TEL (03) 6384-3777
　　　　http://www.irhpress.co.jp/

印刷・製本　中央精版印刷株式会社

落丁・乱丁本はおとりかえいたします
©HRparty 2010. Printed in Japan. 検印省略
ISBN978-4-86395-040-5　C0031

幸福の科学出版の本

■ 幸福の科学グループ創始者 兼 総裁 **大川隆法** 最新刊

危機に立つ日本
国難打破から未来創造へ

新たな10年不況、大失業時代、国防の危機……。新政権発足からわずかな期間で、沈みゆくタイタニック号と化した日本。「友愛政権」が招く国難を打破し、日本沈没を防ぐために、新しい希望を掲げる！

1,470円（税込）

■ 幸福実現党 党首 **木村智重** 最新刊

幸福維新を起こさん！
真の自由と繁栄を目指して

「実績がないのに、いきなり第一党を目指す」「一切の迎合をせず、過激な政策を訴える」「政治なのに、なぜか霊の話が出てくる」——幸福実現党の党首が世間の幸福実現党に対する疑問に答え切る！

1,260円（税込）

私はペンギンが大好きで、ペンギンのネクタイを愛用しています。そこから生まれたのが、本書の「ペンたろう」というキャラクターです！

木村智重

あなたも幸福実現党に参加しよう！
幸福実現党 党員大募集

資格：幸福実現党の理念・綱領・政策に賛同する18歳以上の方
会費：年間5千円

※党員には幸福実現党機関紙の送付、政党主催のシンポジウムや大会等のご案内をいたします。

○お申込みはホームページから

幸福実現党公式ホームページ　http://www.hr-party.jp/ ➡
メルマガ「Happiness Letter」http://www.mag2.com/m/0001054021.html/ ⬆

選挙に行こう！キャンペーン

当選してナンボの政治家が、投票率の高いご年配向け政策を打ち出すのは、至極当然。若者の投票率が上がれば、日本が変わる！さぁ、あなたも投票をとおして「未来の自分づくり」に参加しよう！

幸福実現党 本部　〒104-0061東京都中央区銀座2-2-19　TEL03-3535-3777　FAX03-3535-3778